# SÉRGIO CABRAL

# O HOMEM QUE QUERIA SER REI

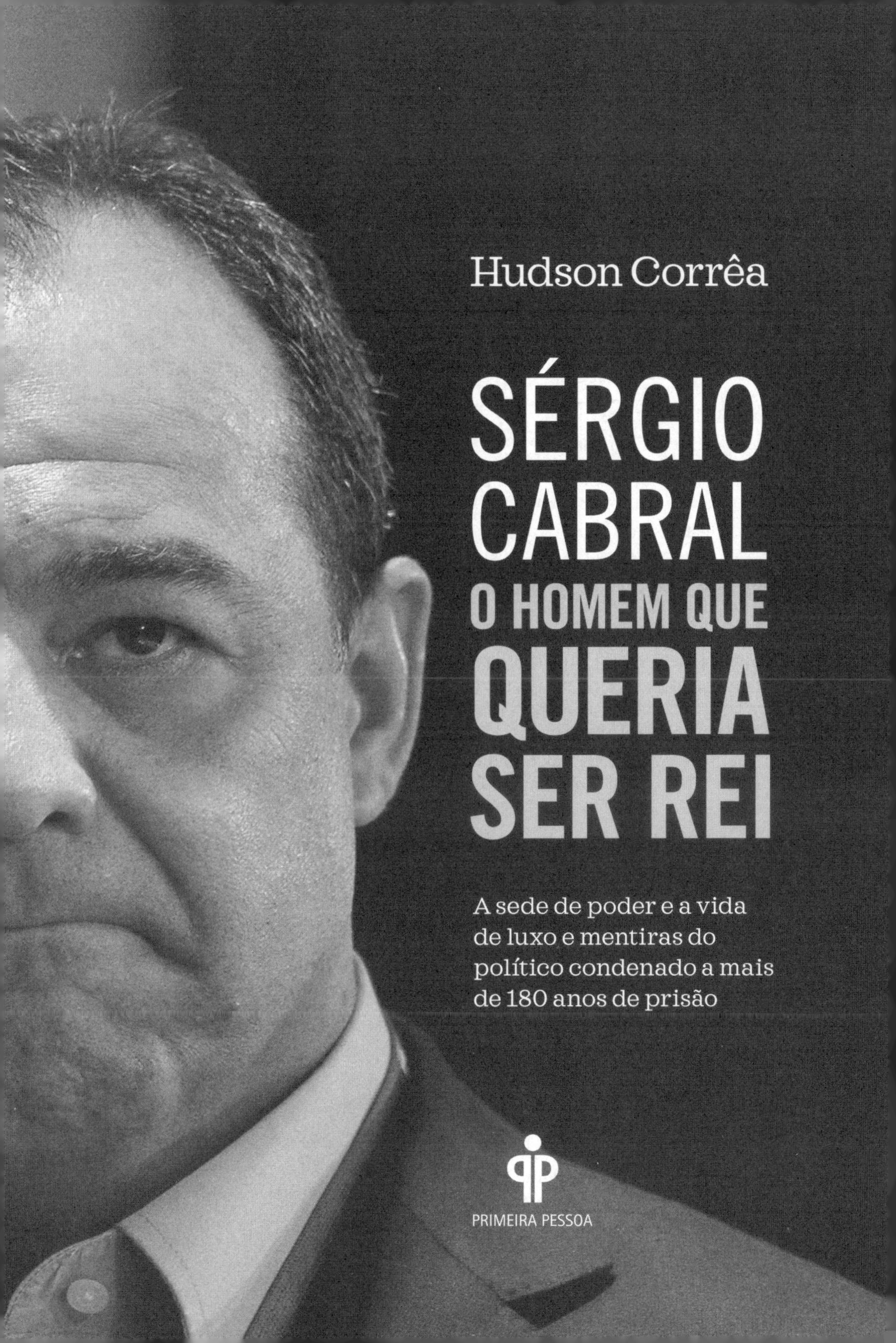

Hudson Corrêa

# SÉRGIO CABRAL
## O HOMEM QUE QUERIA SER REI

A sede de poder e a vida de luxo e mentiras do político condenado a mais de 180 anos de prisão

PRIMEIRA PESSOA

edição: Virginie Leite
pesquisa: Lívia Cunto Salles
revisão: Hermínia Totti e Rafaella Lemos
projeto gráfico e diagramação: Valéria Teixeira
capa: DuatDesign
imagem de capa: © Buda Mendes/2012 LatinContent/Getty Images
impressão e acabamento: Lis Gráfica e Editora Ltda.

CIP-BRASIL. CATALOGAÇÃO NA PUBLICAÇÃO
SINDICATO NACIONAL DOS EDITORES DE LIVROS, RJ

C842s Corrêa, Hudson

Sérgio Cabral: o homem que queria ser rei/ Hudson Corrêa. Rio de Janeiro: Primeira Pessoa, 2018.
240 p.: il.; 16 x 23 cm.

Inclui bibliografia
ISBN 978-85-68377-24-6

1. Cabral Filho, Sérgio, 1963-. 2. Brasil – Política e governo. 3. Corrupção na política – Brasil. I. Título.

18-53241 CDD: 364.13230981
CDU: 328.185(81)


GMT Editores Ltda.
Rua Voluntários da Pátria, 45 – Gr. 1.404 – Botafogo
22270-000 – Rio de Janeiro – RJ
Tel.: (21) 2538-4100 – Fax: (21) 2286-9244
E-mail: atendimento@sextante.com.br
www.sextante.com.br

À MINHA MÃE,
FLORINDA DA SILVA.
(1934-2013)

# SUMÁRIO

Introdução

# O GOVERNADOR E O CORRUPTO

Sérgio Cabral Filho foi líder estudantil, deputado estadual, presidente da Assembleia Legislativa, senador, governador e chefe da organização criminosa que saqueou os cofres do Rio de Janeiro, o estado onde construiu sua carreira política. Sempre ao lado da mulher, Adriana Ancelmo, a quem carinhosamente chamava de Riqueza, mais do que dinheiro fácil, ele queria uma vida de rei.

A Polícia Federal o prendeu em 17 de novembro de 2016. Maior investigação da história do Brasil, a Lava Jato expôs um gigantesco esquema de corrupção envolvendo políticos de vários partidos e grandes empresas públicas e privadas do país. Também revelou uma espécie de corrupto nunca descoberta antes. Não há precedente de tamanha roubalheira, ganância e soberba.

O governo paralelo montado pela quadrilha de Sérgio Cabral arrecadava propina como se fosse imposto. Em troca do suborno, entregava de bandeja as obras públicas para as maiores construtoras do país. Cabral recebia mesada de 350 mil a 500 mil reais das empreiteiras, exigia também 5% sobre o valor dos contratos e até joias aceitava em pagamento, para felicidade da primeira-dama.

Boa parte do dinheiro para as obras vinha do governo de Luiz Inácio Lula da Silva, aliado político e companheiro de afagos ao ego um do outro. Em abril de 2018, Lula também foi preso na Lava Jato, condenado no caso do tríplex do Guarujá, no litoral paulista, por ter recebido o apartamento de presente da empreiteira OAS, favorecida em contratos com a Petrobras.

Sem esconder as extravagâncias, o governador se dava às farras em Paris na mira das câmeras de celular, que registraram seus assessores numa dancinha de guardanapo na cabeça. Usava os helicópteros do estado para levar a mulher, os filhos, os amigos e até o cachorro à casa de praia nos fins de semana e feriados. Comprava joias em dinheiro vivo, investia em diamantes guardados num cofre na Suíça e engordava uma rede de contas bancárias secretas em vários países. Vivia bem-vestido e no luxo. Segundo a Procuradoria da República, Sérgio Cabral chegava a gastar 4 milhões de reais por mês.

Nascido em 27 de janeiro de 1963, numa família de baixa classe média no subúrbio do Rio de Janeiro, Serginho teve oportunidade de se tornar um grande homem. Na infância e na adolescência em Copacabana, na Zona Sul carioca, ele conviveu em casa com artistas e intelectuais que visitavam Sérgio Cabral, pai, o jornalista, escritor e letrista de samba que resistiu à ditadura militar com o semanário *O Pasquim*.

Quando entrou na política, na década de 1980, Serginho estendeu a bandeira da moralidade na vida pública. Esbanjava charme, vendia a promessa de renovação contra velhacos e defendia lisura até na arbitragem de futebol. Os seus projetos de deputado ajudavam jovens mochileiros a se hospedarem em albergues e promoviam bailes para velhinhos.

Ele sofreu duas derrotas nas eleições para prefeito do Rio, mas ficaria oito anos no comando do Poder Legislativo estadual. O pai achava que o filho algum dia chegaria a presidente da República. Esperava estar vivo para vê-lo subir a rampa do Palácio do Planalto em Brasília. Só não imaginava o filho na cadeia.

A corrupção começou ainda nos tempos de deputado. No final da década de 1990, Sérgio Cabral abriu, num banco de Nova York, a primeira conta secreta, batizada de "Eficiência", para guardar 2 milhões de dólares em propina, paga por empresas de ônibus. Quase duas décadas depois, o saldo chegava a 100 milhões de dólares em diversos bancos fora do Brasil.

O esquema de corrupção aumentou logo que ele ocupou a cadeira de governador. Antes de sentar-se no trono, recolhia 200 mil reais por mês. A partir de 2007, passou a coletar 1 milhão de reais para remessa ao exterior.

Até parecia um grande administrador. Na área da saúde, salpicou pelos municípios as Unidades de Pronto Atendimento, chamadas de UPA. Na segurança, implantou nos morros cariocas o projeto das UPPs, Unidades de Polícia Pacificadora, que, pela primeira vez, pôs os bandidos em desvantagem contra a PM. Aumentou salários de servidores e inaugurou várias obras de infraestrutura, muitas delas em favelas.

Mas, na verdade, Sérgio Cabral levava vida dupla. Investia no estado com uma mão e embolsava dinheiro público com a outra. Tornou-se assim a nossa versão política de o médico e o monstro.

Capítulo 1

# "NÃO VOU LARGAR, O SENHOR É PRESO NOSSO"

Cada luminária espatifada deixava mais escura a noite no Leblon, enquanto a horda de mascarados destruía, a pedradas e chutes, tudo o que podia no bairro mais rico da Zona Sul carioca. "Aí, galera, roupa pra todo mundo!", gritou o homem que lançava camisetas para fora da loja saqueada. "Vamos queimar tudo!", exclamou outro, arrastando pelo asfalto o manequim que alimentaria a fogueira de entulhos no meio da rua. Os policiais respondiam com balas de borracha, jatos de água e bombas de gás. A revolta que começara contra o aumento das passagens de ônibus havia chegado ao alvo principal naquela noite de 17 de julho de 2013. O governador do Rio de Janeiro, Sérgio

Cabral, morava no Leblon e, por isso, o protesto se concentrava ali, perto de seu luxuoso apartamento, onde um grupo de jovens acampados hasteou a bandeira "Fora Cabral!". Os vizinhos desejavam que, se ficasse no governo, Sérgio Cabral desse o fora ao menos do bairro, mas ele vivia em outro mundo.

Horas antes do iminente quebra-quebra, Cabral convocou a funcionária da joalheria HStern. Como sempre fazia, Luiza Trotta colocou na frente de seu cliente especial cinco joias, com o preço anotado embaixo de cada uma. O governador nunca se demorava na escolha, então logo apontou para o anel de esmeralda de 532 mil reais. Qual a forma de pagamento? O homem da mala de dinheiro bancaria as seis parcelas de 88 mil reais.[1]

No dia seguinte, enquanto moradores e comerciantes do Leblon lastimavam a destruição, Sérgio Cabral deu o anel de esmeralda para Riqueza. Era assim que ele chamava sua mulher, que comemorava 43 anos naquela data. Adriana Ancelmo abriu um sorriso e beijou o marido, mas escondia sua insatisfação. Luiza Trotta recorda-se que, mais tarde e sem Cabral saber, Riqueza telefonou para a joalheria, perguntou quanto custara o anel e disse, decidida: "Quero devolver." Será que a primeira-dama rejeitaria o presente por alguma suspeita contra o marido, entre as tantas levantadas nos protestos de rua? "Você não gostaria de trocar?", insistiu a diretora comercial, interessada na venda. Adriana explicou-se melhor. Ela mandaria o anel de volta à HStern, mas não seria o caso de devolver o que Sérgio Cabral pagaria. O dinheiro do marido ajudaria a quitar outro anel, esse sim de seu gosto, que ela mesma tinha comprado um mês antes, em 14 de junho, por 1,11 milhão de reais, parcelado em oito vezes, segundo os registros da joalheria.[2]

Riqueza comprara o anel de ouro amarelo 18 quilates, com brilhante solitário, para combinar com outra joia, ainda mais valiosa, adquirida pouco tempo antes, em 5 de abril de 2013: um brinco de ouro com diamante amarelo na cor J, quase incolor e de alto grau de pureza, que havia custado a fortuna de 1,824 milhão de reais e fora retirado na loja. Adriana dera em pagamento outro brinco que possuía desde 2009, peça de 1,224 milhão de reais. Os 600 mil restantes foram quitados em três vezes por Carlos Miranda, o homem da mala de Sérgio Cabral. Luiza Trotta lembra que Miranda telefonou para agendar as três entregas na loja de Ipanema, bairro vizinho ao Leblon. A presença do sujeito barbado, monossilábico e de atitude objetiva impressionou os funcionários, que nunca tinham visto tanto dinheiro na vida.

Em pouco mais de três meses, o casal gastou 1,71 milhão de reais na joalheira. Podia ser bem menos, se a primeira-dama quisesse economizar. A funcionária propôs um upgrade no brinco comprado em 2009. A joia ganharia outra pedra maior com pagamento só da diferença de quilate, mas Riqueza não aceitou porque agora desejava diamantes amarelos, a sua nova paixão.[3] Adriana e Cabral pareciam alienados, seres de outra galáxia, diante daquele povo na rua do prédio deles, gritando contra o aumento de 20 centavos na passagem do ônibus.

▪▪▪

Quase todos os dias da semana, Sérgio Cabral saía do apartamento no Leblon em carro blindado, escoltado por seguranças, e percorria pouco mais de três quilômetros até o heliporto da Lagoa. Embarcava no helicóptero do governo para o Palácio Guanabara, num voo que durava pouco mais de cinco minutos. Policiais graduados e oficiais bombeiros, que deveriam estar em missões do Estado, mas tinham virado pilotos particulares do governador, sentiam-se incomodados com a rotina de nababo. Aquilo era ostentação, e não medida de segurança. Da janela do helicóptero, avistava-se o morro Santa Marta, em Botafogo, a primeira favela carioca a receber o projeto de pacificação que prometia reduzir a violência no Rio. Lá do alto parecia tudo bem, mas embaixo a polícia suportava sozinha as carências da comunidade, tentando desarmar a bomba-relógio da ausência de investimento público.

Adriana Ancelmo possuía em seu nome a caminhonete Freelander 2, preta, com placas de São Paulo, mas também preferia o conforto dos helicópteros do governo. Tinha autorização para convocar os pilotos, mesmo em viagens particulares e sem a presença do governador. Quase sempre optava pelo Eurocopter Deutschland EC 135, que pode transportar até seis passageiros. Os voos mais frequentes eram para Búzios, para a casa de praia em Mangaratiba e para o aeroporto Santos Dumont e o do Galeão, onde provavelmente tomava algum avião de carreira. Sérgio Cabral não permitia que Riqueza sofresse no trânsito. Durante o seu governo, entre 2007 e 2014, segundo levantamento da Promotoria de Justiça, a primeira-dama viajou 220 vezes sozinha nas aeronaves, num total de 190 horas de voo.

Às sextas-feiras, ainda de dia, Adriana relegava a segundo plano seu escritório de advocacia, que já pouco frequentava. No segundo mandato do marido, ela se afastou bastante, parecia sempre deprimida e, às vezes, quando um funcionário levava algum papel para ela assinar no apartamento, a encontrava ainda de pijama. A primeira-dama costumava embarcar no heliporto da Lagoa com os dois filhos pequenos, as babás e o cachorro Juquinha, do menino mais novo, rumo a Mangaratiba, onde passavam o fim de semana com direito a passeio de barco na baía da Ilha Grande. Ao final da tarde, Sérgio Cabral voava ao encontro da mulher e dos filhos, em geral solitário no Agusta AW 109 Grand New, com capacidade para sete passageiros. Apreciava quando saía mais cedo, a tempo de ver o pôr do sol. O Estado comprou o Agusta por 15 milhões de reais para atender o governador, antes ele usava o Dauphin SA 365 N1, que comporta até oito pessoas além do piloto.

Durante as férias escolares de 2013 (ano dos protestos de rua), as crianças e Riqueza se refugiaram a maior parte do tempo no litoral da Costa Verde. Para não ficar longe da família, quase todos os dias, o governador pegava o voo no final do expediente, dormia em Mangaratiba e voltava na manhã seguinte à cidade do Rio. Os pilotos tinham que fazer plantão noturno por causa do amor de Sérgio Cabral e da primeira-dama.

Nos fins de semana prolongados por conta de feriados, ocorria o que os comandantes chamavam de "revoada". Três helicópteros do governo decolavam ao mesmo tempo para Mangaratiba. O governador ia empertigado no Agusta, os seus convidados e as babás se distribuíam no EC 135 e no Dauphin. A revoada aconteceria 109 vezes durante o mandato do governador, segundo a Promotoria de Justiça, que descobriu casos de soberba ainda maior. Numa noite de carnaval, a aeronave buscou a turminha que acabara de assistir ao desfile das escolas de samba, na Marquês de Sapucaí, e queria descansar no litoral. Os pilotos comentavam que, certa vez, Riqueza mandou o helicóptero ir buscar no Rio o vestido que ela desejava usar na mansão de praia.[4]

A atual casa de veraneio – que o casal frequentava desde 2011, mas que só foi registrada em cartório em 2016 – tem 462 metros quadrados de área construída e foi avaliada em 8 milhões de reais. Localizada num condomínio de luxo num paraíso entre o mar e as montanhas cobertas de Mata Atlântica, floresta tão bonita quanto rara, possui sala, cozinha, dois lavabos, despensa e dois quartos de serviço com banheiros no primeiro andar e cinco suítes no segundo, sendo três delas de frente para a praia. Na área externa, há duas piscinas, sauna, área de churrasqueira, sofás num espaço coberto do jardim e campo de futebol, onde o helicóptero descia. Essa é a segunda propriedade de Cabral no condomínio Portobello, que oferece aos moradores diversas opções de lazer, como passeios a cavalo, safári numa área de animais exóticos e trilhas na mata. Em 1998, o então deputado estadual se instalou inicialmente às margens de um canal da baía da Ilha Grande, numa casa pré-fabricada importada por ele dos Estados Unidos.

Pelas contas do Ministério Público do Estado do Rio, o governador e Riqueza foram responsáveis por 2.281 voos particulares, sem o menor interesse público. Entre combustível, gastos com manutenção e diárias dos pilotos, deram prejuízo de quase 20 milhões ao erário. Chocante e, ainda assim, mixaria perto do esquema de corrupção que seria descoberto.

▪▪▪

A equipe de fiscalização chegou de surpresa à cadeia de Benfica, no final da tarde de sexta-feira, 24 de novembro de 2017. Preso há um ano e sete dias, Sérgio Cabral levou um susto. Jogava conversa fora à porta de sua cela, a última do corredor, quando viu os quatro promotores de Justiça, a perita em câmeras de segurança e os 17 agentes marcharem em sua direção "com a volúpia", segundo ele, "de quem invade um local".[5] O ex-governador e os demais internos tiveram que ficar de pé, lado a lado, encostados na parede. É a "posição de confere", na linguagem do cárcere.

Sérgio Cabral, inúmeros políticos, donos de empreiteiras, dirigentes de estatais e até o ex-presidente Luiz Inácio Lula da Silva caíram na rede da Lava Jato, a maior operação contra a corrupção na história do Brasil, sustentada principalmente por delações dos envolvidos e pela tenacidade de juízes e procuradores da República.

Ainda sob a influência do ex-chefe, o governo do estado reservou uma ala de Benfica para os presos fluminenses da Lava Jato. Quase hotel de luxo, se comparada às cadeias precárias do país, a galeria C possuía nove celas, cada qual com três beliches, chuveiro, pia, tanque, filtro purificador de água e banheiro com vaso sanitário (a maioria dos cárceres brasileiros tem apenas um buraco no chão, chamado de boi, onde muitos encostam a cabeça durante a noite, na falta de espaço dos cubículos superlotados). A inspeção começou pela cela nove, a do ex-governador.

Ele guardava um cooler improvisado, feito com caixa de papelão e balde cheio de gelo para conservar alimentos. A tampa tinha o seu nome escrito e dentro havia uma variedade de queijos, todos apreendidos pelos promotores. Além de proibidos no sistema penitenciário, certamente não passaram pela revista dos guardas porque as embalagens permaneciam lacradas. Os presos aqueciam a comida com um ferro incandescente, espécie de resistência ligada à tomada, o que não é permitido pois há risco de curto-circuito. O ex-governador ainda mantinha vestígios da antiga sofisticação. Os fiscais encontraram pacotes de TWG Tea 1837, chá refinado e importado de Cingapura. Para o seu preparo, havia uma chaleira elétrica, também confiscada.

Cada interno do presídio pode ter no máximo 100 reais em dinheiro por semana. O empresário de transporte Jacob Barata Filho, mais conhecido por "Rei dos Ônibus", descumpria essa regra da cadeia. Ele acabou atrás das grades acusado de pagar, com outros empresários, propina de 145 milhões de reais a Sérgio Cabral em troca de vantagens para seus negócios. Enquanto o governador voava de helicóptero, os ônibus superlotados maltratavam os passageiros, sem fiscalização do poder público "arregado". Agora na cadeia, Barata Filho era o de bolso mais cheio entre os colegas. Ele estava com 500 reais. Perdeu! Os promotores apreenderam as notas.

Naquele momento, isolado na galeria B, outro ex-governador do Rio de Janeiro se lamuriava no cárcere. A cela de Anthony Garotinho não tinha cooler improvisado e nenhuma regalia, até porque ele havia sido preso apenas dois dias antes, acusado de corrupção, caixa dois de campanha eleitoral e formação de organização criminosa. Os promotores notaram um vazamento no banheiro precário que encharcava o chão. Recomendaram a transferência do ex-governador para outra cela em melhores condições, mas Garotinho já estava de saída para o complexo de penitenciárias em Bangu, a 30 quilômetros dali, por causa de um entrevero na madrugada daquele dia.

Inimigo político de Sérgio Cabral, a quem denuncia em seu blog e em seu programa de rádio, Garotinho bateu palmas e gritou para chamar os guardas de plantão, por volta das duas da manhã. Relatou a eles que, momentos antes, um homem aproximou-se da cela e disse: "Você gosta muito de falar, não é?" Em seguida, o sujeito acertou um golpe de bastão no joelho do ex-governador e ainda puxou uma arma: "Só não vou te matar para não sujar para o pessoal do lado", no caso, a turma da galeria C da Lava Jato.[6] Os carcereiros acharam a história meio fantasiosa, mas sobrou para o presidiário e médico Sérgio Côrtes. Acusado de receber 16,2 milhões de reais em propina por fraude em licitações da Saúde do Rio, o ex-secretário estadual foi acordado para examinar Garotinho, justamente o homem que havia publicado na internet fotos dele com um guardanapo na careca, junto com outros assessores de Sérgio Cabral, numa inesquecível farra em Paris, em 2009. Garotinho os chamou de "a gangue dos guardanapos".

A fiscalização daquele dia ainda passou pela ala feminina da cadeia de Benfica. Notaram que apenas uma presidiária tinha colchão mais grosso, talvez mais macio, destoante dos comuns usados nos presídios do Rio de Janeiro.[7] Quem dormia nele? A funcionária apontou para a mulher que chegara no dia anterior ao cárcere. Era Adriana Ancelmo. Antes de ganhar a prisão domiciliar, Riqueza estava ali, presa a poucos metros do marido, que agora só podia lhe oferecer um colchão mais confortável na cadeia.

...

O preso desceu do avião da Polícia Federal recepcionado na pista pelo novo chefe da custódia. Louro, fortão, parecido com galã de novela, o policial Jorge Chastalo Filho substituía o aposentado Newton Ishii, mais conhecido por Japonês da Federal. Newton ficou muito popular ao aparecer diante das câmeras de TV na escolta de figurões. Ele segurava o braço de políticos, donos de empreiteiras e diretores da Petrobras capturados pela Lava Jato. Quando os policiais bateram à porta de Lula, para levá-lo obrigado a depor na PF, o ex-presidente brincou: "Ué, mas cadê o japonês?" Todos caíram na gargalhada. Sérgio Cabral conhecia Newton, que o "tratou com muita dignidade e respeito".[8] Ainda não sabia como seria com o bonitão.

A Justiça transferiu o ex-governador da cadeia de Benfica para Curitiba – a sede da Lava Jato – por causa das regalias na prisão do Rio, onde os promotores descobriram até uma videoteca. Já passava das nove e meia da noite de 18 de janeiro de 2018 quando o avião taxiou na pista. O dia havia sido de calor para os padrões da capital paranaense, sempre de temperatura amena, e ocorreram algumas pancadas de chuva. As ruas sem trânsito àquela hora facilitariam a escolta. Acompanhado de oito policiais, o novo chefe da custódia levou o preso sem algemas para a Superintendência da Polícia Federal, onde fica a ala reservada à Lava Jato. Encarcerado em 17 de novembro de 2016, Sérgio Cabral conhecia as instalações e já passara uma semana ali logo após a prisão.

Por volta de oito da manhã, três policiais da custódia "pagaram o café" para os presos, o que na linguagem da cadeia significa que serviram a caneca de café acompanhada de pão com manteiga. A policial Ana Clara avisou a Sérgio Cabral que em meia hora ele seria levado ao Instituto Médico Legal para exame. É um procedimento de rotina quando o interno troca de cadeia, para comprovar que não sofreu agressão física na custódia da polícia. Ana Clara notou que o ex-governador parecia "angustiado e triste" porque o impediram de falar com outros presidiários, como Antonio Palocci, ex-ministro da Fazenda e da Casa Civil nos governos petistas, e Renato Duque, ex-diretor de Serviços da Petrobras.[9]

Levado ao banheiro privativo dos agentes, Sérgio Cabral passou por uma revista nu. Depois que o ex-governador se vestiu, o policial o algemou, prendeu as algemas ao cinturão que atou ao corpo de Cabral, impedindo que ele levantasse os punhos, e ainda acorrentou os pés com um "marca-passo". A caminho da PF, Jorge Chastalo dera a ordem pelo WhatsApp. "Isso não é assim. Não se trata um ser humano assim, muito menos alguém que não oferece perigo, alguém que está aqui pacificamente",[10] reclamou Cabral. Não se tinha notícia de preso da Lava Jato acorrentado daquela forma. Além disso, o Supremo Tribunal Federal só permite o uso de algemas quando há risco de fuga, resistência à prisão ou ameaça à segurança de alguém.

Há 18 anos na polícia, Jorge Chastalo apresentou a sua justificativa ao STF, no inquérito aberto para investigar o caso. Segundo ele, havia "notícias de que pessoas de facções criminosas" pretendiam matar o ex-governador. Na época, circulou um vídeo do traficante

Marcinho VP, encarcerado há duas décadas, que criticava Sérgio Cabral por seu legado de governo. Além disso, o político "odiado por muita gente" desembarcaria da caminhonete da PF no pátio aberto do IML, onde a multidão poderia tentar linchá-lo. As algemas evitariam que o preso, provavelmente em pânico, fugisse na direção errada e se expusesse mais às agressões, disse o chefe da custódia. O juiz Ali Mazloum perguntou se as correntes, na verdade, não dificultariam ainda mais retirar o alvo do local, já que ele nem correr podia. "Se necessário, eu o carregaria", respondeu Chastalo.[11]

Com expressão de sofrimento no rosto, Sérgio Cabral desceu do camburão e se pôs a caminhar lentamente os 15 metros até a porta do IML, escoltado por seis agentes encapuzados, um deles armado com o fuzil de assalto HK 416. Vestia camisa polo branca, calça jeans e tênis. Com o número 01 estampado na farda, apenas os olhos de fora na balaclava, Jorge Chastalo seguia ao lado do preso irritado com a lentidão. Achou que o ex-governador podia andar "três vezes mais rápido",[12] mas retardava o passo de propósito para se fazer de maltratado diante da imprensa. Chastalo segurou o cinturão que prendia as algemas. "O senhor está me machucando. Se o senhor puder me largar..." O outro se mostrou inflexível: "Não vou largar, não vou largar, o senhor é preso nosso."[13] Será que Sérgio Cabral finalmente entendeu?

Capítulo 2

# A DÉCADA ESTONTEANTE

Os colegas de escola procuraram o cara "maneiro" que faria a festa de aniversário "rolar". Menos remediado, Serginho podia socorrer o garoto de família rica, proprietária do colégio Mallet Soares onde os dois estudavam. O aniversariante, Maurício Mallet, vivia com a tia num apartamento de andar inteiro em Copacabana, mas, como não se dava bem com ela, a comemoração não podia ser lá. Além disso, nenhum luxo superava o glamour da casa de Serginho num canto tranquilo do bairro, subindo uma rua de pedras. O apartamento alugado por seu pai, Sérgio Cabral, ora parecia feira literária, ora casa de shows. Cartola, João Nogueira, Nelson Sargento, Carlos

Cachaça, Martinho da Vila, Elizeth Cardoso, Nelson Cavaquinho, entre outros grandes, se apresentavam no sofá da sala. O filho mais velho convivia – em casa – com os poetas de academia e de morro e – na praia – com a turma do futebol de areia e de bronzeado. Fazia sucesso ao misturar os dois mundos na escola. Numa década sem internet, sem celular e ainda na ditadura militar, o adolescente de 17 anos atraía seguidores com muita lábia, festas e, algum tempo depois, com uma célula clandestina de comunistas.

No final de setembro de 1980, Maurício completaria também 17 anos com um conflito a mais, além dos comuns na adolescência. Sua avó havia fundado o colégio Mallet Soares numa casa simples de Copacabana, em 1925; a escola crescera até se firmar na rede particular de ensino, mas o neto sentia-se deserdado pelos parentes desde a morte do pai. Na chamada de classe, quando a professora dizia o seu sobrenome, muitos colegas pensavam que ele era o dono endinheirado daquilo tudo.[1] Difícil saber o que Serginho achava da história, mas ele topou fazer a festinha para Maurício no apartamento da rua General Barbosa Lima.

Como sempre, nessas ocasiões, Serginho convidou amigos de infância e parentes de Cavalcanti, o bairro do subúrbio de onde vinha a sua família. Embalada por muita bebida – Sangue de Boi na carta de vinhos –, a festa juntou garotos suburbanos com a galera da Zona Sul. A menina loirinha de Copacabana – cobiçada por incontáveis marmanjos – sentou-se encostada à parede da sala, com olhos de quem vê tudo girar. Vindo de Cavalcanti, o primo meio gorducho de Serginho desabou no chão do quarto. A turma cobriu o rapaz com jornais, acendeu velas em volta e alguém tirou fotos que, numa época sem celular, seriam reveladas só dali a alguns dias no laboratório. "Que mico!", reclamou o rapaz. "Vamos publicar no nosso jornalzinho da escola", brincou Maurício.

As festas do filho não incomodavam o pai. Incorrigível boêmio, Sérgio Cabral não deu as caras. Talvez estivesse em algum bar, na casa de amigos ou numa roda de samba, sem a menor preocupação, certo de que a garotada deixaria em paz a sua enorme coleção de discos de vinil, enfileirados em três estantes, que circundavam a máquina de escrever. Nesse espaço, redigia críticas musicais, letras de samba e biografias de grandes cantores. Sérgio Cabral nasceu em Cascadura e se criou em Cavalcanti, bairros do subúrbio carioca. Ainda bastante jovem decidiu seguir a carreira de jornalista. Tinha aparecido uma oportunidade, mas ainda não conseguira o emprego. Todos os dias, ele caminhava quase um quilômetro de casa até a estação de trem. Descia ali pela Praça da Bandeira e seguia para a redação do *Diário da Noite*, do grupo Diários Associados, instalado próximo ao Porto do Rio.

Mesmo sem diploma, bastaria o registro na carteira de trabalho para virar jornalista profissional. Por enquanto, era só estagiário, sem pagamento fixo. Numa madrugada exaustiva de fechamento, Sérgio Cabral percebeu que o editor-chefe penava com um dos títulos mais difíceis do jornalismo de antigamente: as famigeradas duas linhas de 17 toques cada. A notícia dizia que o presidente Juscelino Kubitschek prometia ajudar uma cidade devastada pelas chuvas. Na máquina de escrever (computador, nem em sonho), Sérgio Cabral bateu: "JK promete dar o que o temporal tirou". Colocou a lauda na frente do editor que, entre surpreso e agradecido, logo mandaria o estagiário ser registrado como repórter.[2]

Cabral passou a cobrir de tudo, até concurso de miss. O Vitória Tênis Clube apresentou as candidatas num almoço, e uma delas, de apenas 16 anos, o encantou de tal modo que ele resolveu cortejá-la pelas páginas do jornal. Na edição de 29 de abril de 1959, a nota no alto dizia que a "primeira inscrita no concurso foi a vencedora do desfile (interno) Glamour Girl: Magaly Corrêa de Oliveira, aluna do curso clássico do colégio Dom Pedro II e instrutora de voleibol de sua turma. Loura, olhos verdes e tem um namorado jornalista (não quis dizer o nome 'porque o repórter pode conhecê-lo e ele ficar sem jeito')". Magaly nunca namorara a sério, muito menos um jornalista e homem mais velho. A cantada deu em namoro de três anos, até o casamento que duraria a vida toda. Os filhos vieram um atrás do outro. Serginho nasceu no dia 27 de janeiro de 1963, Cláudia, em 8 março de 1964, e Maurício, em 1º de abril de 1965.

Sérgio Cabral trabalhou em várias editorias do *Diário da Noite*, mas sonhava mesmo com um emprego no *Jornal do Brasil*, considerado o maior e mais respeitado do país naquela época. Para conseguir a vaga no *JB*, aceitou o desafio de escrever uma matéria para o jornal que, de cara, desse chamada de primeira página. Não só conseguiu o emprego, como assinaria uma coluna semanal sobre música popular brasileira, caminho para se aproximar da nata do samba, principalmente de Cartola, Nelson Cavaquinho, Zé Keti e Ismael Silva.[3]

Entre uma e outra coluna, o jornalista ganhou cadeira cativa nas rodas de samba, acesso ao morro da Mangueira e mesa no Zicartola. O restaurante de Cartola e Dona Zica, sua mulher, reunia mais gente do que os 116 lugares disponíveis no sobrado da rua da Carioca onde funcionava. Na inauguração, em fevereiro de 1964, Dona Zica serviu de prato principal o seu feijão-manteiga com lombo de Minas, enquanto Carlota e os amigos cantavam "Divina dama", "Sim" e "Quem me vê sorrindo".[4] Em várias noites, de segunda a sexta-feira, sambistas consagrados tropeçavam em músicos ainda pouco conhecidos, entre eles Paulinho da Viola e Elton Medeiros. Os poetas Carlos Drummond de Andrade e Manuel Bandeira também apareciam por lá.[5] Era ponto de encontro de grã-finos da Zona Sul, boêmios do Centro da cidade e gente vinda do subúrbio.

Pouco antes, em 1962, intelectuais de esquerda criaram o Centro Popular de Cultura num arranjo com a União Nacional dos Estudantes, a UNE. O movimento defendia que a arte não podia ser "uma ilha incomunicável", deveria ir até "onde o povo conseguisse acompanhá-la, entendê-la e servir-se dela".[6] Sérgio Cabral achou ótimo e levou para o centro popular os sambistas que faziam arte simples, tão bem compreendida pelos moradores da favela. Entre a boemia, o Zicartola e agora a intelligentsia, o jornalista de olheiras profundas já era chamado de "o mais carioca de todos". Serginho crescia nas barras da calça desse homem festejado. Primeiro, menino ao pé das visitas que enchiam a sua casa. Depois, ainda pequeno, levado aos bares e estádios de futebol pelo pai.

O golpe militar de 1964 tirou um pouco da graça das noites cariocas. Agora na mesa dos boêmios quicavam assuntos desagradáveis, a sede da UNE fora incendiada e os centros populares, lacrados.[7] O Zicartola perderia público até baixar as portas de vez. Ao final de 1968, os generais apertaram ainda mais o laço da repressão com o Ato Institucional nº 5, que fechou o Congresso Nacional, proibiu manifestações públicas e censurou a imprensa. Seis meses depois, numa conversa de bar (só podia ser), um grupo de jornalistas e cartunistas resolveu reagir aos generais. Sérgio Cabral, Jaguar, Claudius, Tarso de Castro, Carlos Prosperi, Carlos Magaldi e Murilo Reis fundaram *O Pasquim*, semanário bem-humorado para zombar do regime. Incomodaria os autoritários até nos detalhes, ao publicar palavras vetadas em jornais conservadores, como "tesão", dita por Maria Bethânia numa entrevista que deu o que falar. Fez tanto sucesso que a sua tiragem bateu na casa de 250 mil exemplares.[8]

Aos 7 anos, Serginho circulava entre as mesas na redação do *Pasquim*, bajulado aqui e ali pelos jornalistas. Também ia muito aos estádios de futebol com o pai, que o convencera a torcer pelo Vasco da Gama num momento crítico do time. Quando se tornou vascaíno, ainda criança também, Sérgio Cabral simplesmente escolhera a equipe mais vitoriosa da época, porém em 1969 não havia trunfos para empolgar o pequeno Serginho. O Vasco completaria 12 anos sem o título carioca, drama que abatia até o "poeta de ferro". Drummond publicara no *Jornal do Brasil* o verso que dizia: "E viva, viva o Vasco: o sofrimento há de fugir, se o ataque lavra um tento." Em setembro de 1970, o Vasco ganhou o campeonato ao bater o Botafogo por 2 a 1. Pai e filho saíram eufóricos do Maracanã direto para o Antonio's Bar, no Leblon, que reunia torcedores, músicos e escritores. O menino se viu numa roda de boêmios com a madrugada chegando.[9] Não se sabe se Drummond passou por lá.

À base de muita manha, os jornalistas do *Pasquim* conquistaram os censores dentro da redação que, por camaradagem, deixavam de cortar textos e charges desagradáveis aos generais.[10] A estratégia logo cobraria o seu preço. No começo de novembro de 1970, Sérgio Cabral e o cartunista Reginaldo Fortuna faziam uma palestra em Campos dos Goytacazes, no Norte Fluminense, para uma turma de estudantes, que depois os levou à praia de Atafona, a 40 quilômetros de distância. Sérgio relaxava ao sol na piscina do hotel, quando o mensageiro lhe avisou: a mulher Magaly pedia que ligasse urgente. Como ali não havia telefone, ele pegou a estrada de volta a Campos preocupado com os filhos. A família se mudara para o Leblon e frequentava a praia. "Será que alguma das crianças se afogou, meu Deus?" A viagem ficou longa, apreensiva a cada quilômetro. "Magaly, o que aconteceu?", perguntou trêmulo. "O Exército invadiu o *Pasquim* e está atrás de você." "Ai, que alívio!", respondeu ele.[11]

Oito jornalistas do *Pasquim* já estavam presos. Sérgio Cabral evitou a redação para não ser capturado também. Circulava nos bares vizinhos à cata de informação. Um comandante militar mandou avisar que a turma seria solta imediatamente se o cartunista Jaguar e o Sérgio Cabral aparecessem para um simples depoimento. Eles caíram na armadilha, que lhes custou dois meses de cadeia na Vila Militar, onde passaram o Natal e quase o réveillon. Só ganharam a liberdade em 31 de dezembro. Não sofreram tortura, mas alguns constrangimentos, como serem fotografados nus, a pretexto de exame de corpo de delito.[12] Serginho e Magaly faziam visitas ao cárcere nos fins de semana. Mais novos, Cláudia e Maurício pensavam que o pai viajara a trabalho.[13]

Enquanto isso, a ditadura obrigava *O Pasquim* a publicar que os repórteres não estavam presos, e sim gripados. O cartunista Ziraldo e Sérgio Cabral resumem tudo num samba, que compara a Vila Militar, dos generais, com a Vila Isabel, de Noel Rosa: "A vila já não é mais aquela. Já não é mais tão bela, como Noel cantou. A vila não é a vila da princesa, não... É a vila da tristeza, sim. Lá perdi meu violão, ai, ai. Lá, os dias não têm fim, não, não, não, não. Não tem samba, nem batuque. A batida é diferente... Mas tem um quê? Tem um QG que prende a gente."[14]

Sérgio Cabral foi trabalhar em São Paulo na revista *Realidade*, do Grupo Abril, que fazia grandes reportagens com foco diferente do *Pasquim*. Lá os editores se interessavam mais por matérias da Amazônia do que pelas histórias do Rio, sobre as quais o jornalista recém-chegado gostaria de escrever. A chefia sugeriu a transferência para a revista *Quadro Rodas*, mas nem dirigir ele sabia, quanto mais falar de carros numa redação fascinada por Fórmula 1, e não por samba.[15] De vez em quando, Sérgio Cabral recebia a visita de sambistas de passagem por São Paulo para shows. A saudade do Rio bateu, e batia forte, até que regressou com a família mesmo sem emprego. Por algum tempo, os filhos reencontraram diversão na chácara da avó Regina, no bairro de Cavalcanti. Lá dava para andar de bicicleta no casarão ou desaparecer entre as árvores do imenso quintal.

Por sugestão do cantor Martinho da Vila, seu amigo, Cabral tornou-se produtor de discos. Na casa dos 10 anos, Serginho passou algumas madrugadas no estúdio, vendo o pai acompanhar os trabalhos, entre eles as gravações impecáveis de Nelson Gonçalves feitas em um dia só.[16] Jornalista, crítico e agora produtor musical, Sérgio Cabral acrescentou aos seus dons a arte de escrever letras de samba. O compositor bissexto chegou ao auge com o sucesso de "Os meninos da Mangueira", gravado por Ataulfo Alves Jr., música mais tocada no rádio ao lado de "Moça", do popular Wando.[17] E o boêmio ainda arranjaria tempo para escrever biografia de sambistas. Mais do que um pai, Serginho tinha em casa um mito para seguir de exemplo.

A família se instalou no apartamento de Copacabana em 1973. Serginho dividia o tempo entre a Escola Municipal Alencastro Guimarães, a 350 metros de casa, e a praia, onde crescia a sua fama de craque no futebol de areia. Ele descia pela escadaria do cine Ricamar, hoje Sala Municipal Baden Powell, ganhava a rua Fernando Mendes e seguia até a praia, entre o posto 2 e o posto 3. A terceira escala no dia era o terreno baldio meio inclinado, por isso apelidado de "Morrinho", ao lado do prédio onde morava. O campinho das peladas virou ponto de encontro da molecada de rua. Ali também dava expediente Mauricinho, o irmão mais novo.

Serginho jogou futebol de praia pelo time da rua Rodolfo Dantas e pelo Força e Saúde, da rua República do Peru. Ele conseguiu patrocínio do curso de inglês Brasas, do pai de um amigo, para montar o próprio time com alguns craques do bairro. O Brasas foi campeão invicto, mas durou apenas um ano. Menos habilidoso do que na areia, disputava partidas de futebol de botão com o amigo Didu

Nogueira, sobrinho do sambista João Nogueira e mais tarde companheiro de festas no morro da Mangueira. A mãe de Didu levava os meninos ao estádio de São Januário, em jogos do Vasco, e ao Maracanã, nos do Fluminense.[18]

O pai achava que o filho deveria pisar também no campo da política. Certo dia, levou o menino, então com 14 anos, à festa de aniversário do Partido Comunista Brasileiro, o PCB. O dirigente mais velho do partidão acabou o discurso, e alguém no salão sugeriu: "Falou o mais velho, agora é a vez do mais novo." Antes que Sérgio Cabral risse da ideia, o filho já discursava para os camaradas. "Este ano, comemoramos numa churrascaria. Ano que vem tem que ser no meio do povo", disse ele, aplaudido.[19] O pai viu, naquele momento, que o garoto tinha jeito para a política, mais do que para jogador de futebol.

Só não brilhava na escola. Reprovou em várias matérias no colégio particular Andrews, na praia de Botafogo, onde conheceu um colega, dois anos mais novo, que, por inacreditável coincidência, viria a ser, primeiro, o doleiro com quem operaria e, depois, o seu principal delator na Justiça. Naquele momento, Serginho e Renato Chebar mal se falavam e nem tempo houve para amizade. Serginho se transferiu para o colégio Mallet Soares em 1979, o ano da Lei da Anistia. Os adversários da ditadura podiam agora regressar do exílio, mas a abertura em nada mudaria a rotina das escolas, que proibiam manifestações políticas e exigiam disciplina dos alunos na hora de cantar o hino nacional.

Com as lições que recebia do pai em casa, Serginho chegou ao Mallet Soares versado em política e sabendo se expressar bem. Em depoimento nas redes sociais, Didu Nogueira lembra que o amigo lia bastante, principalmente o poeta e vascaíno Carlos Drummond de Andrade. "Era um rapaz bonito, carismático e as meninas enlouqueciam cada vez que ele abria a boca para falar", conta a jornalista

Hierania Ramos, na época uma menina de 15 anos. O novato tinha cabelos na altura dos ombros, aloirados pelo sol da praia. Tratou de conquistar também os professores com palestras de escritores amigos de seu pai, entre eles o poeta Ferreira Gullar. O pátio do colégio era palco de festivais de música, inclusive de rock, e de ensaios do grupo de teatro, mas a dramaturgia empacou por causa do ponto fraco de Serginho, as mulheres. Alguém deu a ideia de encenar a peça *Quem casa quer casa*, de Martins Pena, e as duas loirinhas mais bonitas da turma se candidataram irredutíveis ao papel principal. O líder que surgia não quis desagradar nenhuma das beldades, e a peça nunca entrou em cartaz na escola.[20]

▪▪▪

O secretário estudantil do PCB tocou a campainha do apartamento em Copacabana. Hamilton Garcia, de 16 anos, militava entre os alunos secundaristas e viera entrevistar Serginho a mando do dirigente do partidão, Givaldo Siqueira. Sérgio Cabral pediu para recrutarem o filho, algo que o amigo comunista não podia negar, mesmo que aquilo invertesse a ordem das coisas. Geralmente, o PCB escolhia jovens em vez de ser escolhido por eles. Havia triagem rigorosa pelo risco de algum espião do regime militar se infiltrar entre os camaradas. De volta às manifestações de rua, o movimento estudantil se tornou alvo dos serviços de inteligência dos generais.[21]

Hamilton percebeu que Serginho nunca mergulharia na literatura marxista, mas era bem informado, lia jornais (coisa rara) e sabia que existia ditadura no Brasil, ao contrário de muitos jovens na rédea dos pais. O entrevistador passeou os olhos pelo quarto meio bagunçado (lembra de ter visto uma guitarra) e encarou o rapaz moreno de sol, que lhe pareceu uma espécie jamais catalogada de comunista. "O pai certamente queria que o filho se interessasse mais por política, afastando-se da praia e da bola. Então, meio que o colocou numa escolinha do partido", avalia Hamilton, à luz dos dias de hoje.[22]

As escolas admitiam, quando muito, o jornalzinho feito pelos alunos, rejeitavam quase sempre o grêmio estudantil e proibiam militância política. Hamilton sabia disso. Acusado de pertencer a partido clandestino, ele foi expulso de um colégio, como tantos monitorado pelo serviço de informação do Exército. No colégio Mallet Soares já havia o jornal, chamado *Quadro Negro*, que publicava artigos escritos pelos estudantes. Entre uma e outra edição, Serginho articulou a criação de uma célula clandestina do PCB.

Loura, bonita e de olhos verdes, Izabela Juliana de Castro, de 15 anos, achou que Serginho se aproximou primeiro de Maurício Mallet por causa do sobrenome dos proprietários da escola.[23] Maurício preferiu acreditar na amizade desinteressada do outro, que lhe daria a inesquecível festa de aniversário. Izabela trazia a política no sangue. Era filha de Francisco Julião, fundador, na década de 1950, das Ligas Camponesas de luta pela reforma agrária, "na lei ou na marra", que se elegeu deputado federal, mas teve o mandato cassado pelo regime. Tarefeira da célula comunista, Izabela só não engolia o cinismo do grupo. Certo dia, na casa de Serginho, alguém falou que "não teria escrúpulos de matar um burguês". Ela se irritou: "Gente, aqui todo mundo é burguês da Zona Sul." Maurício sabia de um comunista que morava numa cobertura da avenida Delfim Moreira, de frente para a praia do Leblon, um dos endereços mais caros do Rio.

Ainda assim, Maurício levava tudo a sério, principalmente a missão de pregar cartazes em muros da avenida Brasil, no subúrbio da cidade, durante a noite. Ele viajava numa Kombi com um balde cheio de goma à base de água e farinha, na falta de dinheiro para cola de verdade.[24] Izabela lembra que Serginho cuidava do caixa da célula comunista. Certa vez, ele a encarregou de vender duas fitas cassetes com um daqueles intermináveis discursos de Fidel Castro. A tarefeira conseguiu que uma amiga de sua mãe comprasse as fitas por um bom preço, algo como 200 reais nos dias de hoje, e entregou o dinheiro ao líder, sem saber no que ele gastaria.

Os garotos da célula se reuniam num apartamento "secreto" em Petrópolis, na região serrana. Certa vez, pela brecha da cortina, viram na rua um carro parado com homens dentro lendo jornal. Só podia ser a polícia, pensaram. Na cabeça deles, aquela reunião de 12 a 15 jovens era subversão das maiores, embora o assunto fosse pouco emocionante. Havia maioria para rejeitar a adesão dos comunistas à frente partidária ampla, arquitetada por Tancredo Neves. Mas, de última hora, Serginho mudou de lado, defendeu a aliança e quase levou às lágrimas o casal de namorados Izabela e Hamilton (que o recrutara para o partidão).[25] Vários encontros do PCB, como aquele, escolhiam representantes para o congresso que ocorreria no final do ano em São Paulo. A rasteira de Serginho tirou Hamilton do páreo e até foi bom, porque a Polícia Federal invadiria o congresso para algemar os líderes.

A decepção de Izabela aumentou na conferência de estudantes em Curitiba. Iguais a ela, os tarefeiros dormiram no chão coberto por jornais, enquanto os líderes comunistas tomavam uísque hospedados no conforto de um apartamento.[26]

Serginho acabou expulso do colégio Mallet Soares. Pela versão mais corrente, ele discursou em cima da mesa de pingue-pongue a favor da reabertura do grêmio estudantil, que Vladimir Palmeira, um dos líderes das manifestações contra a ditadura, tinha criado no início da década de 1960, batizado de Centro Cívico Olavo Bilac, e que a direção da escola mantinha fechado. Outra versão diz que

Serginho conseguiu ressuscitar o grêmio, mas caiu por causa de uma assembleia contra o aumento na mensalidade escolar.[27] No dia seguinte, os colegas organizaram um piquete à espera da resistência do líder expulso, que nem deu as caras.

▪▪▪

A troca do Mallet Soares pelo Bennett, no bairro do Flamengo, não trouxe muita dificuldade de adaptação. O novato se acomodou na carteira ao fundo da sala, onde geralmente sentam os mais bagunceiros, e ali conheceu Giovanna Gold e Wilson Carlos, ambos na casa dos 17 anos de idade. A menina bonita, de traços finos e cabelos cheios, gostava de teatro, dança e música. Wilson Carlos procurava ser o engraçadinho da turma e às vezes tabelava a piada com algum professor carente de atenção. Serginho dava pouca corda a Wilson e, aos olhos de Giovanna, parecia improvável que no futuro os dois colegas seguiriam uma vida pública juntos.

O trio matava aula para ficar no pátio da escola ou subir ao último andar recém-construído, ainda desabitado e nublado pela fumaça de maconha. Giovanna jura que os três não fumavam, iam lá por farra apenas. Ela ficava na defensiva com Wilson Carlos, capaz de qualquer brincadeira maliciosa, ao contrário de Serginho, sempre "amável e encantador". Dessa época, guardou de recordação a foto tirada num festival de música. Um dos organizadores do evento, Serginho ri meio agachado atrás de seus ombros, como se tentasse aparecer no retrato. Wilson Carlos fixa o olhar no decote da colega com um biquinho nos lábios, sugando o ar.

Pouco a pouco, Serginho conquistou o coração da menina. Os dois andavam de "beijinhos e mãos dadas" pelo colégio, ela se recorda disso ainda. Numa tarde, "Romeu" visitou "Julieta" no bairro do

Leme, vizinho a Copacabana, e de lá saíram a passear pelo calçadão da praia. Falavam do futuro, de qual profissão seguiriam, quando o rapaz deixou escapar a intenção de virar político. Giovanna fez uma careta. A imagem que lhe veio à cabeça foi a dos generais truculentos no comando do país. Serginho olhou para os lados. Não havia ninguém por perto, mas ainda assim abaixou a voz e sussurrou: "Eu sou comunista." A menina se derreteu: "Ele queria ajudar as pessoas." E o achou mais encantador do que nunca.[28]

Breve e ao acaso, como aquela tarde, o romance terminou em duas semanas e cada um seguiu seu caminho. Giovanna já atuava como atriz na minissérie *Quem ama não mata*, depois faria novelas. Serginho também já representava, mas no palco político. Em junho de 1981, criou o Centro Cultural da Juventude Secundarista, que reunia alunos de 60 colégios do Rio. Prometia arte em vez de discussão política, mas queria, na verdade, driblar diretores de escola resistentes à militância.[29] A estratégia ficou evidente quando o centro organizou um show da cantora Clara Nunes, na quadra da Em Cima da Hora, escola de samba do coração do pai, Sérgio Cabral, no bairro de Cavalcanti. Clara Nunes topou abrir mão do cachê e o jornal *O Globo* deu apoio, divulgando o evento e o local de compra de ingressos, vendidos pelo equivalente hoje a 15 reais.

O centro estudantil embolsaria toda a receita da bilheteria. Já o valor arrecadado com a venda de bebidas seria dividido da seguinte forma: 50% para a Em Cima da Hora, 25% para o centro e 25% para a associação de moradores de Cavalcanti.[30] "Colégios, associações de bairros e escolas de samba formam a grande força viva de uma comunidade", disse Serginho ao *Globo*. Os três rendem muitos votos a políticos também, mas ele jamais seria explícito com o seu patrocinador.

Na noite do show, uma sexta-feira de julho de 1982, Serginho temeu o fracasso diante da quadra vazia. Incrédulo de ver a famosa Clara Nunes se apresentar a um preço tão barato, o público ficou na porta e só entrou quando a cantora chegou.[31] Em outubro, o centro cultural ainda promoveria um festival de música no colégio Santo Inácio, em Botafogo, mas àquela altura a preocupação de Serginho se voltara para as urnas. Dali a um mês, ocorreria a maior eleição desde o início da ditadura militar, e o pai sairia candidato a vereador por grande insistência sua.

▪▪▪

Apesar de tantos convites, Sérgio Cabral sempre relutou em virar político. Tinha medo de o regime cassar o seu mandato e também se recordava do cárcere na Vila Militar, nos tempos de *O Pasquim*. Mas agora o filho o empurrava para a disputa e, aos 19 anos, assumia a coordenação da campanha.[32] Na falta de dinheiro, anúncios publicados em jornais pediam "qualquer tipo de ajuda" e davam o telefone da secretária.[33] Vários artistas colaboraram atraídos pela proposta de mais incentivos à cultura. "Vote em Sérgio, Sérgio Cabral, em 15 de novembro, vou fazer meu carnaval", dizia o jingle, com letra e música da sambista Leci Brandão.

O filho coordenador lutava para o pai levar mais a sério a campanha. As reuniões políticas, regadas a uísque, pareciam mais encontro de boêmios, quando não roda de samba. Se lhe perguntassem por que se tornar vereador, o candidato romantizava: "O meu sonho é trabalhar entre o Bola Preta e o Amarelinho." Ele se referia ao gigantesco bloco de carnaval que saía da praça da Cinelândia, onde ficam lado a lado o restaurante de paredes amarelas, antigo ponto de músicos, e o prédio da Câmara dos Vereadores.[34]

Quase 60 milhões de brasileiros votariam para governador pela primeira vez desde 1965. Três candidatos fortes disputavam o governo do Rio: Leonel Brizola, pelo PDT, de esquerda; Moreira Franco, do PDS, do regime militar; e Miro Teixeira, do PMDB, moderado. A célula comunista fundada no colégio Mallet Soares trabalharia para Miro e, por tabela, ajudaria Serginho por causa de um mecanismo peculiar daquela eleição. O voto vinculado obrigava o eleitor a escolher candidatos do mesmo partido para todos os cargos, de ponta a ponta. Quem optasse por Miro no alto da cédula teria que votar embaixo em alguém do PMDB para vereador, e Sérgio Cabral era o mais conhecido peemedebista. O engessamento pouco atrapalhou Leonel Brizola, que ganhou a eleição fazendo os generais engolirem em seco.

Candidato dos sambistas, Sérgio Cabral se elegeu com 17.460 votos[35] e conquistou a vaga de trabalho entre o Bola Preta e o Amarelinho. E Serginho também. O vereador nomeou o filho para chefiar o seu gabinete na Câmara. Ainda era comum o dono de mandato empregar o rebento às custas do erário, e não ocorreu ao político novato romper com o atraso. Mais de uma década depois, na eleição de 1996, adversários de Serginho, então candidato a prefeito, levantariam suspeita de ilegalidade na nomeação dos anos 1980, porque à época ele ainda não tinha curso superior, exigido pelo cargo.

O chefe de gabinete tomaria a frente do pai em assuntos de política. Certa vez, avisou caciques locais do PMDB de que o vereador, então em viagem à Ásia, não se comprometia com nenhuma corrente do partido.[36] Sérgio Cabral perseguia a imagem de esquerdista independente, havia alguns comunistas empregados no seu gabinete e, também por isso, o serviço de informação da Polícia Federal monitorava os passos de Serginho, ainda atuante no movimento estudantil.

Naquele ano, em março de 1983, o deputado federal Dante de

Oliveira apresentou a proposta de emenda das eleições diretas para presidente da República, realizadas pela última vez em 1960. Os comícios pelas Diretas Já tomaram o Brasil numa rara união de políticos, intelectuais e artistas no mesmo palanque. No auge, em abril de 1984, as manifestações levaram 1 milhão de pessoas à praça da Cinelândia, no Centro do Rio, e 1,7 milhão de pessoas ao Vale do Anhangabaú, em São Paulo.[37] Uma semana depois, a geração de 1980 chorava a decisão do Congresso Nacional, que deu à emenda 298 votos favoráveis, 22 a menos do que o necessário para a aprovação. Sem outra opção, nove governadores do PMDB e Leonel Brizola lançaram Tancredo Neves candidato indireto a presidente, no Colégio Eleitoral de janeiro de 1985.

A campanha de Tancredo precisava ganhar as ruas, assim como acontecera com as Diretas Já, e Serginho e seu pai podiam ajudar. O Rio logo entrou no roteiro. Só faltou tapete vermelho para as estrelas da música, teatro e novela que desfilaram no comitê jovem pró-Tancredo, inaugurado numa galeria da rua Marquês de São Vicente, no bairro da Gávea, em outubro de 1984. Caetano Veloso e Djavan distribuíam abraços, a atriz Maitê Proença leu um manifesto e o cartunista Ziraldo desenhou na parede o seu Tancredix, paródia ao personagem de quadrinhos Asterix, "baixinho e narigudo" como o candidato a presidente.[38] Uma onda de assobios tomou o ambiente à chegada da modelo Roberta Close, a linda transexual, ainda chamada de travesti numa época em que a discussão de gênero era tão improvável quanto o celular. O comitê promoveria inúmeros shows musicais apelidados de Tancredance.[39] Serginho circulou nas rodas de artistas e políticos durante a inauguração. Uma semana depois, ele e o pai criaram o comitê Pedro Ernesto pró-Tancredo, mais sisudo, instalado na Associação Brasileira de Imprensa, a ABI, com a presença do presidenciável.[40]

■■■

A Orquestra Tabajara regida pelo maestro Severino Araújo animava o baile da democracia na Cinelândia. Fazia casais dançarem entre centenas de pessoas que assistiam ao show, em frente ao prédio da Câmara Municipal. Lá dentro, numa sessão em plena sexta-feira, final de novembro, os vereadores de vários partidos – exceto os petistas – discursavam, tecendo elogios ao deputado Ulysses Guimarães, agraciado com a medalha Pedro Américo por iniciativa de Sérgio Cabral. Alheios à fala cansativa dos políticos, Susana Neves e Serginho trocavam olhares no plenário. "Rolou um clima. Ela ficou doida para me conhecer", diria depois o galanteador.

"Presidente da República, Tancredo Neves. Presidente da Câmara de Deputados, Ulysses Guimarães. Sem dúvida, em 1985, o Brasil será muito melhor", discursou com mais estilo o vereador Sérgio Cabral. "O Rio é a segunda cidade de todo brasileiro não carioca", agradeceu Ulysses, mas, visionário, advertiu sobre o apartheid social entre morro e asfalto: "Convoco todos a lutar contra uma geografia infame e miserável." Ao final da solenidade, o deputado deu uma passada rápida pelo palco onde tocava a animada e sofisticada Orquestra Tabajara.

A menina que Serginho paquerava era sobrinha-neta de Tancredo Neves, o futuro presidente do Brasil. Susana cursava Direito na Pontifícia Universidade Católica, a PUC, trabalhava no Ministério da Cultura e militava no Partido Comunista do Brasil, o PCdoB, já distante do ideal de luta armada da Guerrilha do Araguaia.[41] O seu pai, Gastão Neves, executivo de mineração na Amazônia, era superprotetor das duas filhas. A mais nova tinha apenas 8 anos. Os pretendentes a namorado de Susana que se comportassem bem, se não quisessem problemas. Ao final da cerimônia, Susana foi até o gabinete do vereador Sérgio Cabral à procura do rapaz com quem trocara olhares, apresentou-se a ele e da conversa começaria um namoro. A moça entendia de política. E lá fora "Moonlight Serenade" já tinha embalado casais.

▪▪▪

Entre um e outro evento da campanha eleitoral a presidente, Serginho aproximou-se também do neto de Tancredo, um rapaz dividido entre ser mineiro e viver carioca. Aos 24 anos, Aécio Neves era o secretário do avô e conduzia os comitês de jovens pelo país. Em dezembro de 1984, Aécio convenceu o presidenciável a ir à praia de Boa Viagem, em um dos últimos compromissos antes do Colégio Eleitoral de janeiro. Um avião fretado pelo comitê levou para o comício a turminha animada que saiu do Rio, repleta de artistas. Durante o voo, no então moderno Boeing 727, os convidados consumiram mais de 70 latas de cerveja e oito garrafas de uísque.[42] A juventude tancredista era festeira.

Já de romance com Serginho, Susana pensou numa festa para comemorar seus 21 anos e também a vitória do tio-avô na eleição para presidente da República.[43] No dia 15 de janeiro, véspera do aniversário da sobrinha-neta, Tancredo ganhou fácil. Recebeu 480 votos contra 180 obtidos pelo deputado Paulo Maluf, um triunfo esmagador, menos pelos comícios nas ruas e mais pelo racha no PDS, o partido malufista do governo militar. Antes da votação, Gastão Neves viajou a São João del-Rei, em Minas Gerais, para organizar a comemoração na terra natal de Tancredo, seu tio. Desde a morte do pai, Gastão ficara responsável por festejar o político mais ilustre da família. Serginho recebeu do futuro sogro, a quem se afeiçoava, a missão de ajudar a preparar a festa na avenida Tiradentes, no centro da cidade mineira, assim que terminasse a sessão no Congresso.

De boca em boca, espalhou-se a desconfiança de que a prefeitura, comandada pelo PMDB, o partido do presidente eleito, bancaria a despesa da festança. Gastão Neves se apressou em negar.[44] Disse à imprensa que o dinheiro sairia do caixa de uma empresa "ligada a ele", versão que hoje, em tempos de Operação Lava Jato, lhe daria alguma dor de cabeça. O orçamento fora estimado em 20 milhões de cruzeiros, cifra daquela época de inflação exorbitante que nos dias de hoje equivaleria a 70 mil reais.[45] Os maiores gastos seriam com as 800 dúzias de fogos de artifício e a hospedagem dos artistas convidados para o show: Martinho da Vila, Dona Ivone Lara, Leci Brandão e Geraldo Azevedo. As fabricantes de cerveja doariam a bebida e um time de futebol, o telão no qual se assistiria à votação do Congresso Nacional. A festa começaria assim que saísse o voto de número 344, o suficiente para garantir a maioria.

No Rio de Janeiro, as atenções se dividiam entre a disputa eleitoral e o maior festival de música que o Brasil já tivera, o Rock in Rio. Entre os dias 11 e 20 de janeiro, 15 atrações nacionais e 16 estrangeiras se apresentariam numa gigantesca área em Jacarepaguá, Zona Oeste da cidade, transformada em lamaçal pela chuva imprevista, mas sem espantar o público. A banda britânica Queen emocionou na abertura. Um coro inesquecível de 300 mil vozes cantou "Love of My Life" com o vocalista Freddie Mercury. No dia da eleição de Tancredo, o Barão Vermelho terminou o show com o sucesso "Pro dia nascer feliz". "Valeu! Que o dia nasça lindo para todo mundo amanhã, com um Brasil novo, com a rapaziada esperta", disse o cantor Cazuza, antes de deixar o palco.[46] Serginho também não perderia o Rock in Rio. Ele achou "mágica a noite" da apresentação de James

Taylor, que fez milhares de jovens levantarem os braços de um lado para outro com a música "You've Got a Friend".

Susana e Serginho viajariam a São João del-Rei para a festa de recepção a Tancredo, após a posse dele no dia 15 de março, em Brasília. O casal dormiu na casa de Hamilton Garcia, o antigo companheiro de Partido Comunista. Os três e mais uma ex-namorada de Aécio Neves percorreriam num Chevette cerca de 350 quilômetros até a terra natal do presidente eleito.[47] Por lá, o dia amanhecera frio e chuvoso. Pregado nos principais postes da cidade, o *Jornal do Poste* já noticiava no segundo clichê, feito às pressas, que o ilustre filho da cidade fora internado na véspera por causa de alguma doença abdominal.[48] A comoção tomou conta dos moradores numa agonia estendida até 21 de abril, quando Tancredo morreu e o vice, José Sarney, assumiu o cargo em definitivo.

Alguns meses depois, em agosto, refeitos do impacto da morte do presidente, Serginho e Aécio viajaram para o 12º Festival Mundial da Juventude e dos Estudantes, em Moscou, com uma comitiva de 120 pessoas, que incluía vários artistas, como Fagner, Martinho da Vila, Gonzaguinha e a banda Blitz, tremendo sucesso no Rock in Rio de alguns meses antes. Um pouco mais velho que a garotada, o deputado federal Zequinha Sarney atraía atenções por ser filho do presidente da República.[49] Candidato a deputado estadual pelo PMDB, Serginho esperava que Aécio fosse o seu cabo eleitoral.[50] O neto de Tancredo tinha influência no Rio, apesar de disputar a eleição em Minas Gerais, onde tentaria vaga na Câmara Federal.

Num almoço de sábado para 700 convidados, Serginho lançou a candidatura na Churrascaria Gaúcha, no bairro de Laranjeiras, entre apertos de mãos e tapinhas nas costas de alguns figurões, como o senador Nelson Carneiro (dali a três anos, presidente do Senado), o dirigente da Casa da Moeda, Carlos Alberto Direito (muitos anos depois, ministro do STF), e Tancredo Augusto, filho de Tancredo Neves. O candidato se apresentou como novo não só pelos 23 anos de idade: "Proponho a renovação não apenas das ideias, mas do comportamento político."[51]

Antes das urnas, havia o compromisso com Susana. O noivado de sete meses terminou em casamento na igreja Santa Margarida Maria, na Lagoa, num sábado de julho de 1986. Paparicados pela alta sociedade que gravitava ao redor da família Neves, os noivos foram celebrados no coquetel oferecido pelo casal Nelly e Jorge Veiga, famosos por seus jantares com caviar, champanhe e comidas até então consideradas exóticas, como carne de javali.[52] Serginho se habituava ao convívio com socialites, políticos poderosos de Brasília e empresários cacifados próximos à família da mulher. Ele se alinhou muito a Gastão Neves, o sogro anfitrião de festas que reuniam Francisco Dornelles (ex-ministro da Fazenda), Aureliano Chaves (ministro de Minas e Energia) e Arthur João Donato (presidente da Federação das Indústrias do Rio).[53] Serginho tratou de escorregar para o lado de Moreira Franco, candidato a governador, embora no início tivesse apoiado, dentro do PMDB, o nome mais à esquerda do senador Nelson Carneiro,[54] massacrado na convenção do partido. Ainda assim, foi solidário a Carneiro até o limite de sua própria sobrevivência política.

As ótimas relações sociais não bastaram às urnas, que lhe deram apenas 7.653 votos, muito aquém do necessário. O pai também amargou derrota como candidato a deputado federal, só obteve 5.457 votos, três vezes menos que nas eleições para vereador de quatro anos antes.[55] O boêmio voltaria à Câmara Municipal, enquanto o filho se arranjaria na equipe do governo do estado. Serginho cursava jornalismo na Faculdade da Cidade, onde se formaria em 1989, mas só pensava na carreira política. Graças à aproximação com Moreira Franco, eleito governador, ganhou o cargo de diretor na empresa estadual de turismo, um trampolim razoável para as próximas eleições.

O emprego tinha boa vitrine numa cidade turística, mas o novo diretor queria uma bandeira nova, então teve a ideia de incentivar a criação de albergues da juventude, ancestrais dos atuais hostels, para hospedar a garotada que viajava ao Rio com pouco dinheiro no bolso. Serginho assumiu a presidência da associação brasileira de albergues, fez contato com a federação internacional e conseguiu 300 mil dólares para formação de pessoal especializado em hospedagem daquele tipo. Os associados de carteirinha pagavam diária barata, equivalente a 20 reais por quarto com beliche e banheiro comunitário,[56] hoje menos importante que o Wi-Fi. O diretor de turismo garganteava que tinha sido mochileiro também e que, certa vez, quando regressava de Paris, com o dinheiro contado na carteira, não conseguiu embarcar no voo da Air France por causa de overbooking, mas se deu bem. A companhia pagou uma diária no luxuoso hotel Le Méridien Etoile, próximo à praça da Porte Maillot.[57]

Serginho se tornou pai pela primeira vez em 20 de outubro de 1988. O nascimento de João Pedro se somou à alegria do agora avô Sérgio Cabral, reeleito vereador com 11.913 votos, 900 a mais do que o também eleito e então pouco conhecido Jair Bolsonaro, capitão do Exército que se tornaria símbolo nacional da direita.[58] O país vivia um clima de novidades com a promulgação da nova Constituição e a expectativa da primeira votação direta para presidente da República em 29 anos, que aconteceria em 1989. Figuras estranhas surgiam na TV durante o horário político, entre elas um sujeito que resmungava amordaçado e amarrado a uma cadeira, tentando se soltar, enquanto o locutor dizia com voz grave: "Querem calar esse homem, mas Marronzinho vai falar." Empresário e animador de auditório, Silvio Santos entrou na disputa, chegou quase ao topo nas pesquisas, mas seu registro acabou cassado pela Justiça Eleitoral.

Um novo partido criado por dissidentes do PMDB lançou o senador Mário Covas a presidente. Mesmo derrotado, o PSDB agradou a Serginho que, em 1990, filiou-se à legenda para mais uma vez concorrer a deputado estadual. Ele lançou a candidatura na churrascaria Copacabana com o então deputado federal Aécio Neves, futura estrela tucana, na lista de convidados.[59] Durante a campanha, Serginho explorou ao máximo a imagem do pai, que aparecia em seus santinhos. O slogan "Tal pai, tal filho", cunhado pelo escritor Fernando Sabino, dizia que o candidato tinha "todas as condições para realizar os anseios da comunidade fluminense".[60] Terminada a votação, 11.349 pessoas elegeram Serginho,[61] ou melhor, Sérgio Cabral Filho, que nos anos seguintes se descolaria da imagem do pai em todos os sentidos.

Capítulo 3

# O SUBURBANO E O MAURICINHO

Em sua casa pré-fabricada, instalada à beira do canal de água esverdeada, Sérgio Cabral Filho desfrutava a paisagem por onde dezenas de lanchas com afortunados a bordo navegam até a baía da Ilha Grande, quando o governador Marcello Alencar lhe telefonou. No último ano de mandato, em 1998, Marcello Alencar queria falar com o presidente da Assembleia Legislativa sobre alguns assuntos urgentes. Cabral topou conversar pessoalmente, mas exigiu que um helicóptero do governo fosse buscá-lo na casa de praia em Mangaratiba, a 100 quilômetros do Rio. O governador concordou.[1] Enquanto punha na cabeça que o interesse público justificava o gasto com o helicóptero, Marcello Alencar se perguntava como o salário de 6 mil reais de parlamentar[2] dava para comprar aquela mansão, que, mais tarde, ele saberia que estava avaliada em 1 milhão de reais.[3]

Sérgio Cabral Filho já não era o mesmo homem que ocupara pela primeira vez um gabinete na Assembleia Legislativa, em 1991, com projetos simples e práticos na pasta 007 que gostava de usar. O novato defendia o fim das mordomias dos deputados, incentivava albergues da juventude e hasteara a bandeira de benefícios para a "terceira idade". Ele brincava que havia se casado com Susana Neves em 26 de julho, no dia dos Avós, portanto a mulher não poderia culpá-lo se chegasse em casa com marcas de batom. Eram beijinhos das velhinhas que o amavam tanto pelas leis a favor dos idosos, como a passagem gratuita de ônibus e o desconto no ingresso dos shows.[4] Além de frear o marido mulherengo, Susana ajudava na formação do político em início de carreira. Ao menos nisso, ele a escutava.

A família cresceu em maio de 1991 com o nascimento de Marco Antônio, o segundo filho do casal. João Pedro faria três anos em outubro. Depois que se casou, Sérgio Cabral trocou Copacabana pelo apartamento comprado pelo sogro na rua Fonte da Saudade, na Lagoa. O bairro crescia em volta do belíssimo espelho-d'água, decretado patrimônio cultural em 1990, mas ainda poluído a ponto de exalar mau cheiro até as janelas dos moradores.

Com um ano de mandato na bagagem, o deputado do PSDB saiu candidato a prefeito do Rio em 1992, e a sua mania de grandeza começou a despontar ali. Ele encomendou outdoors em que aparecia de gravata, o terno jogado no ombro e sorriso aberto ao lado do slogan em letras garrafais: "Quero ser um novo Marcello. Sem o Brizola pra atrapalhar."[5] O então prefeito Marcello Alencar deixava o cargo irritado com as interferências do então governador Leonel

Brizola, do mesmo partido, o PDT. O jovem deputado pecou pela ingenuidade porque, logo após os outdoors, os dois caciques pedetistas se reaproximaram. Mesmo assim, a ousadia do novato chamou a atenção do noticiário e isso lhe bastava. Os assessores só entravam em pânico quando Sérgio Cabral fazia com os dedos o V da vitória. "Tá parecendo o Collor", diziam sobre o então presidente da República, abatido por suspeitas de corrupção, que usara o gesto na campanha de 1989. Muitos achavam que os dois tinham um jeito parecido de falar. "Nada, o Ciro Gomes também faz o V", respondia, referindo-se ao governador do Ceará, a estrela política do PSDB daquele momento.[6]

O candidato a prefeito declarou à Justiça Eleitoral bens modestos: uma cota de terreno, três linhas telefônicas, que naquele tempo sem celular valiam alguma coisa, e um carro Verona ano 1990.[7] Casa de praia em condomínio de luxo parecia improvável de entrar algum dia no seu patrimônio. "Os nossos valores são outros. São a ética, a moral e a competência", afirmava na propaganda de TV e repetia a quem conseguisse agarrar nas ruas, durante caminhadas ao lado de assessores da Assembleia e da mulher, Susana, que ajudava na campanha, mesmo com os filhos pequenos em casa. Apesar de afinado com um país chocado pelas denúncias contra Collor, o discurso moral não atraiu eleitores suficientes, rendeu menos de 2% dos votos e só o oitavo lugar entre os 11 candidatos na disputa.

Deputados federais, o peemedebista Cesar Maia (ex-secretário de Fazenda de Brizola) e a petista Benedita da Silva (mulher negra, liderança nascida na favela) disputariam o segundo turno das eleições. Cabral formalizou seu apoio a Maia numa festa no restaurante Plataforma, no Leblon, uma das casas mais badaladas da época. Vestia uma calça larga demais, e sua assessora a segurava por trás para ele aparecer elegante na foto. Eleito prefeito, Cesar Maia lhe ofereceu o cargo de subprefeito da Zona Sul, mas o jovem deputado preferiu continuar no Legislativo.

Ele reassumiu o papel de moralizador, caçador de privilégios e, com outros sete parlamentares, moveu uma ação na Justiça para obrigar o então presidente da Assembleia Legislativa, José Nader, a devolver 70 Fiats Tempra comprados sem licitação, um para cada deputado.[8] Para dar exemplo, a bancada do PSDB devolveu os veículos e os tíquetes de abastecimento dos postos de gasolina.

Às vésperas da Copa de 1994, surgiu a suspeita da compra de árbitros para favorecer times no campeonato estadual. Aquilo caiu no colo de Sérgio Cabral, que viu ali a grande oportunidade de sua vida política, a chance de virar defensor da moral também no futebol, paixão quase unânime no Brasil. Rapidamente conseguiu assinaturas dos colegas para criar e presidir a CPI do Apito. "Precisamos da operação pés limpos", dizia, numa referência à operação Mãos Limpas, contra a máfia italiana.[9] Ganhou tremendo espaço na imprensa, o seu nome surgia nas conversas de bar e conquistou a simpatia de ídolos do futebol. Ao mesmo tempo, sofria ataques dos dirigentes de clubes, entre eles o vice-presidente do Vasco, o seu time do coração. "Ele merecia levar um tiro. Há duas alternativas para um chefe de família num caso desses. Ou se recorre à Justiça, ou se sai por aí com uma calibre 12 atirando. Vou apelar para a primeira opção, por enquanto", disse Eurico Miranda a emissoras de rádio. "Esse moleque se elegeu com a ajuda do meu dinheiro",[10] acrescentou, sem esclarecer quanto doou para a campanha e, mais importante, de que forma.

O "moleque" deu queixa na polícia. Acompanhado de Paulo Melo, deputado de mesmo partido, procurou o vice-governador e secretário da Polícia Civil, Nilo Batista, que encaminhou o caso a uma delegada novata com nome de miss, Martha Rocha. Apesar do embate, Sérgio Cabral não se arrependia da CPI do Apito, que, mesmo sem sair do papel, lhe dera popularidade para conquistar a reeleição e, mais do que isso, ser provável campeão de votos. Para ajudar, ele ainda tinha a bandeira dos albergues da juventude e o apoio da turma da terceira idade.

As eleições de 1994 seriam complicadas no Rio de Janeiro por suspeita de fraude. O número de votos em branco despencara para menos de 10%, muito abaixo da média nacional. Não existiam urnas eletrônicas ainda, então, segundo os investigadores, uma quadrilha preencheu as cédulas em branco para beneficiar determinados políticos. A Justiça anulou o resultado da eleição para deputado estadual e federal, pediu a fiscalização das Forças Armadas e marcou outra votação no segundo turno. Candidato a deputado federal, Eurico Miranda ganhou na primeira, a que anularam, e perdeu na segunda, mas por decisão do Tribunal Superior Eleitoral assumiria a cadeira na Câmara em 1997, já livre da queixa de ameaça a Cabral.

O pai da CPI do Apito foi o deputado mais votado do Rio, escolhido por 168 mil eleitores, 15 vezes mais do que em 1990. Também do PSDB, Roberto Dinamite ficou em segundo lugar com 68,5 mil votos. O ex-craque do Vasco encantara o garoto Serginho com golaços em campo, e muitos vascaínos acreditavam, equivocadamente, que tinha sido Sérgio Cabral, pai, quem lhe dera o apelido de Dinamite no começo da década de 1970, quando trabalhava em um jornal de esportes e o jogador estreava no time principal do clube. A relação com o ex-craque chegaria ao auge em 2008, quando o então governador Sérgio Cabral Filho apoiaria Roberto Dinamite para presidente do Vasco. A histórica eleição derrubou Eurico Miranda do comando do time, após décadas no poder. O "moleque" deu o troco.

Apoiado por Marcello Alencar, governador eleito, o deputado

mais votado do Rio só podia almejar o comando do Poder Legislativo. Ali uma nova geração de políticos chegou disposta a confrontar os veteranos, suspeitos de trocar voto por dinheiro nas principais votações da Assembleia. Não seria diferente na eleição para a presidência da Casa, em fevereiro de 1995. Filho do governador, o deputado Marco Antônio acusou o grupo do então presidente José Nader, que deixava o cargo, de pagar 50 mil reais por voto à candidatura de seu aliado, Aluízio de Castro.[11] Numa franqueza impiedosa, o denunciante disse que os colegas aceitariam o suborno, mas sem cumprir o acordo: "Vão ficar com o dinheiro e votar no Serginho."

Sérgio Cabral agradeceu ao amigo Marco Antônio, seu companheiro de festas agitadas, e surfou no papel de antagonista de Nader. "Até três anos atrás, você era um dos maiores frequentadores do gabinete dele", devolveu Aluízio num debate no rádio.[12] Alguns colegas diziam que, de fato, o adversário já apreciara muito os charutos cubanos de José Nader. Num clima de troca de acusações, a eleição terminaria em baixaria das piores.

Os partidários de Aluízio de Castro queriam que a votação fosse secreta, vacina contra a opinião pública, mas o parlamentar mais velho que presidia a sessão encaminhava para o voto aberto. Favorável à manutenção do voto secreto, o deputado José Guilherme Godinho, mais conhecido por Sivuca, resolveu protestar tirando o paletó, a gravata e a camisa que girou no ar numa espécie de striptease: "Esta Casa é uma bagunça. Cada um faz o que quer." Também rasgou o livreto do regimento interno, levantou e bateu o pedestal do microfone no chão, acertando o pé de uma colega, que fraturou um dedo. A deputada ferida aguentou a dor até o final da sessão, quando passou por cirurgia no hospital. Depois ela achou melhor não confrontar o homem grandalhão, delegado de polícia, autor da frase que repercutiria em todo o país: "Bandido bom é bandido morto." "E enterrado em pé para não ocupar muito espaço", como acrescentava sempre. "Eu, eu, eu, Sivuca se vendeu", gritavam os adversários em coro. O deputado ameaçou sair no braço. Diante da confusão, o presidente da sessão acendeu um cigarro, que tragou calmamente (naquela época podia-se fumar ali), enquanto o colega de peito nu desfilava no plenário sob vaias. "Eu, eu, eu..."

Nisso tentaram sumir com as cédulas de votação. Alguém suspeitou de Jorge Picciani, mas o deputado ainda pouco conhecido, aliado de Nader, esclareceu que jamais faria uma molecagem daquelas. Ele já tinha trocado empurrões com um colega. Aluízio de Castro bateu em retirada, desistiu da candidatura, não havia o que fazer. Sérgio Cabral venceu a batalha com 59 votos, três nulos e oito abstenções, entre elas a de Picciani. Anunciado o resultado, o jovem político de 32 anos comemorou levantando o braço da mulher, Susana Neves, que sorria ao lado dele na tribuna.[13]

■ ■ ■

O garoto de praia de Copacabana ganhou a fama de "mauricinho" nos corredores da Assembleia. Ele odiava e rebatia com dois argumentos: primeiro, era apelido injusto e, depois, na sua família, chamavam assim o irmão mais novo, Maurício. Não convencia nem funcionários do gabinete que, ao final de cada ano, sempre o presenteavam com uma maleta estilo 007 e agora decidiram comprar um smoking summer.[14] "Tudo bem que as minhas roupas sejam da Richards, da Elle et Lui e que compre sapatos da Mr. Cat", disse Sérgio Cabral numa entrevista ao *Jornal do Brasil*. "Mas, pô, mauricinho? Adoro samba, futebol e nasci no subúrbio."

A quase compulsão por roupas de grife o acompanharia mesmo

após ele deixar o poder e ficar sem cargo público. De agosto de 2014 a junho de 2015, em apenas dez meses, gastaria 156 mil reais na loja de ternos italianos Ermenegildo Zegna.[15] Antigos assessores acham que ele ficou mais versado em indumentária por influência do advogado Aloysio Neves, que entendia de moda e virou o chefe de seu gabinete na Assembleia. Duas décadas depois, já conselheiro do Tribunal de Contas do Estado, o elegante Aloysio Neves acabaria preso por suspeita de corrupção.

▪▪▪

Ajoelhado, de olhos fechados, o rosto sereno inclinado para o alto e os dedos entrelaçados numa oração. Ali, na igreja da Glória, o garoto de praia fazia o papel de beato. Beijou a mão do cardeal dom Eugênio Sales e tomou a hóstia. Era 15 de agosto, dia da Assunção de Nossa Senhora. Sérgio Cabral incluiu a missa daquela manhã na agenda da campanha de 1996. Até precisava rezar mesmo contra o péssimo momento na disputa eleitoral. Uma pena porque o ano, que começara tão bem com o nascimento de seu terceiro filho, José Eduardo, em 16 de janeiro, tinha tudo para terminar melhor ainda, com a sua eleição a prefeito do Rio.

A família o apoiou desde o início, sem reservas. Mesmo com o bebê de colo, Susana coordenava os rumos da campanha do marido, escolhia o pessoal da linha de frente, aconselhava.[16] A irmã de Serginho, Cláudia, cuidava da agenda de eventos do candidato. Na função de tesoureiro, o sogro Gastão Neves corria atrás de doações. Havia uma previsão de gastos de 8,5 milhões de reais, cerca de 40 milhões a valores corrigidos de 2018, mas a despesa fecharia em 3,4 milhões ao fim da eleição.

Sérgio Cabral considerava Gastão um segundo pai e grande influenciador no começo de sua carreira política. Sobrinho de Tancredo Neves, era executivo do ramo de mineração, na holding Paranapanema, e presidiu o sindicato das indústrias de estanho, extraído em regiões inóspitas da Amazônia. Sob o seu comando, o comitê de campanha funcionava em quatro andares de um prédio em Botafogo, onde se reuniam do pessoal da panfletagem à equipe do telemarketing (era permitido telefonar para os eleitores). Segundo reportagem do *Jornal do Brasil*, Gastão doaria 15 mil reais ao candidato, quantia expressiva à época, e também faria um empréstimo de 264 mil ao genro. Alguns anos depois, sofreu investigação da Procuradoria da República por suspeita de ser testa de ferro de Sérgio Cabral na compra de imóveis, mas o inquérito acabou no arquivo, sem incriminá-lo.

O candidato tinha grandes chances de conquistar a prefeitura. A expressiva votação em 1994, na eleição para deputado, o fez largar na dianteira entre os concorrentes. Só que ele cometeu o erro de concentrar esforços contra o adversário do PDT, Miro Teixeira, sem prestar muita atenção no pouco conhecido Luiz Paulo Conde. O ex-secretário municipal de Urbanismo foi lançado pelo prefeito Cesar Maia, que encerrava o mandato com alta popularidade.

O "poste" de Cesar Maia começou lá embaixo e foi subindo nas pesquisas. No dia seguinte à missa na Glória, o Ibope divulgou que Conde tinha chegado à liderança isolada, com 31% contra 24% do devoto de Nossa Senhora. O deputado conseguiu passar ao segundo turno, mas os jornais criticavam o seu discurso, muito conservador para um homem de 33 anos. Ele se manifestava contra o aborto, o casamento gay e a adoção de filhos por casais de homossexuais.[17] Luiz Paulo Conde, de 62 anos, apresentava-se mais liberal nessas questões, num tempo em que pastores evangélicos ainda não doutrinavam políticos e eleitores. Os críticos diziam que Sérgio Cabral parecia falso, e aquela imagem de beato na igreja passou a persegui-lo.

"Do que o ser humano não é capaz só para ganhar voto?", perguntou-se o colunista Artur Xexéo, ao ver a foto da cena.

As críticas doíam no jornalista Sérgio Cabral, pai, que nem lia mais os jornais, principalmente textos de antigos companheiros de imprensa. "É um sofrimento danado. É melhor ser candidato do que pai de candidato", desabafava. "Xexéo não é meu amigo. Pode falar a bobagem que quiser. Eu fico aborrecido, mas não é meu amigo. Mas pô, o Elio Gaspari? Que é meu amigo, meu companheiro! Elio deu duas no Serginho que vou te contar! Logo no início, deu para favorecer o Miro (Teixeira). E outra, agora, para favorecer o Conde." Cabral apostava muito no filho: "Acho que vai a presidente da República."[18]

Mas, naquele ano, não chegou a prefeito. A última cartada foi anunciar Ciro Gomes, a antiga estrela tucana, como futuro secretário de Fazenda, em caso de vitória. Aécio Neves também ajudou, aparecia ao lado do candidato fazendo com os dedos o número 45, do PSDB. Não adiantou. Luiz Paulo Conde ganhou de lavada, com 62,2% dos votos válidos. A "festa da derrota" ocorreu no apartamento do pai. Os convidados disfarçaram a tristeza com música e muita bebida: oito caixas de cerveja e oito garrafas de uísque escocês. Ciro Gomes apareceu, ficou meia hora e na saída disse à imprensa: "Mas, rapaz, no Ceará, quando se perde uma eleição é um velório. Aqui, é uma festa." Não era bem assim, a derrota doeu muito, lembra Orlando Thomé, um dos coordenadores da campanha na Zona Sul. Ele acha que o viés conservador estragou tudo. Apagou-se ali o último lampejo do Serginho de Copacabana.

Capítulo 4

# MEU PRIMEIRO CRIME

Sérgio Cabral procurou o doleiro, marido de sua secretária, que lhe vendia dólares para viagens ao exterior, como a que fizera com a mulher e os filhos para Disney World, nos Estados Unidos. Leon Chebar o atendeu, solícito, mas logo percebeu que dessa vez o assunto não era diversão em família. O presidente da Assembleia Legislativa queria esconder algumas malas de dinheiro sujo, o equivalente a 2 milhões de dólares, e o consultava sobre um jeito de fazer aquilo.

Abrir conta no exterior parecia o melhor caminho, e o sistema dólar-cabo cuidaria da remessa ilegal. Leon Chebar receberia as malas de reais no seu escritório e repassaria a cambistas, que, com acesso a bancos estrangeiros, depositariam o equivalente em dólares fora do país. Funcionava porque tinha gente com milhões de dólares no exterior querendo receber em reais no Brasil. Fazia-se uma compensação entre os dois tipos de cliente.

O esquema demandaria um homem de total confiança para levar o dinheiro ao escritório, no 11º andar de um prédio na avenida Rio Branco, no Centro do Rio. O deputado tinha o fiel escudeiro para isso. Cinco anos mais velho, o xará Sérgio Castro de Oliveira, mais conhecido por Serjão, era amigo desde os tempos de juventude em Copacabana. Alto, barbudo e dono de um corpanzil, ele ganhara o maldoso apelido de "Big Asshole" de outro colega da turma. Achava graça e devolvia gozações piores. Enchia-se de orgulho ao falar que tinha sido padrinho de casamento do chefe e de Susana Neves. Nas campanhas eleitorais, ele chegava aos locais antes do candidato para checar tudo, pagava funcionários e acertava os santinhos na gráfica. A missão agora seria recolher dinheiro em vários locais, de escritórios a postos de gasolina usados para encontros. Falaria uma senha, receberia o pacote e entregaria no escritório do doleiro.

Leon Chebar mantinha ótimos contatos no Israel Discount Bank, em Nova York, graças a alguns clientes da comunidade judaica no Rio de Janeiro. O deputado podia depositar o dinheiro lá, sem muita burocracia, só precisaria de um nome para a conta. Sérgio Cabral a batizou de "Eficiência".

■■■

Não perguntar de onde vem o dinheiro talvez seja a principal regra de um doleiro, ainda mais se o cliente for político com salário de 6 mil reais e origem humilde no subúrbio carioca. Nas eleições para prefeito de 1996, ele declarou patrimônio modesto: um apartamento de 460 mil reais financiado em 60 vezes (com a primeira prestação paga em julho de 1993), duas linhas telefônicas e um Volkswagen Santana 2000, de 18 mil reais.[1] Cabral morava no luxuoso apartamento do sogro, de 390 metros quadrados, no sétimo andar, de frente para a Lagoa Rodrigo de Freitas, uma das paisagens mais bonitas do mundo, segundo dizia a mulher, Susana Neves. Só incomodavam o trânsito pesado e o cheiro de peixe podre, que batia à janela nos dias de chuva. Era sem dúvida um belo lar, mas o casamento já vinha abalado por brigas e ciúme.

Após uma semana na Disney World com a família, o presidente da Assembleia voltou ao trabalho com um assunto delicado em pauta. A sessão de 12 de dezembro muito interessava às empresas de ônibus, setor havia tempos suspeito de pagar propina a deputados em troca de leis e decretos favoráveis aos seus negócios. Na gestão do ex-presidente José Nader, dizia-se que o pagamento ocorria no banheiro privativo da presidência, então apelidado de casa da moeda. "A senha era 'Estou com vontade de ir ao banheiro, tem remédio aí?'", contou o ex-governador Anthony Garotinho, em seu blog na internet. A Assembleia votaria um projeto que, se aprovado, mexeria no caixa das empresas de ônibus intermunicipais. Isentas de pagar o imposto sobre circulação de mercadorias e serviços, o ICMS, elas passariam a contribuir. O governador Marcello Alencar só dependia do aval do Legislativo para cobrar o tributo.

Pelo elástico placar de 40 votos a 13, o plenário manteve a isenção do imposto. Sérgio Cabral serviu de fiel da balança porque 16 dos 20 deputados do PSDB, liderados por ele, votaram contra o projeto do governador de mesmo partido. Nem o filho de Marcello, o deputado Marco Antônio, compareceu para esgrimir algum discurso a favor do pai. Os parlamentares derrotados calcularam que as empresas deixariam de arrecadar 80 milhões de reais, o equivalente a 400 milhões de reais nos dias de hoje.[2] Realmente, era um presentão de Natal.

Para Sérgio Cabral, o final de ano em família não seria assim tão feliz. Ele e Susana Neves se separaram em 1996, após dez anos de casamento, três filhos e cinco campanhas eleitorais (três para deputado e duas para prefeito), nas quais a mulher esteve ao lado do marido, quase sempre fiel pelo menos aos conselhos políticos dela. O deputado deixou o apartamento na Lagoa no dia 26 de dezembro. "Ele saiu de casa e fiquei com três vascaínos: o João Pedro, de 8 anos, o Marco Antônio, de 5 anos, e José Eduardo, de 11 meses", brincou a flamenguista em seu depoimento à Justiça, ao lembrar da separação. O vascaíno continuaria um pai presente, mesmo após o divórcio, e Susana não guardaria mágoa.[3]

A felicidade seguia inabalável no mundo político. Em fevereiro de 1997, o deputado se reelegeu fácil presidente da Casa, aclamado por 64 dos 70 colegas e por um novo aliado de confiança. Entregou a Jorge Picciani a Primeira-Secretaria, cargo mais importante depois da presidência porque guarda as chaves do cofre da Assembleia. Adversários na eleição da mesa diretora, em 1995, os dois agora conviviam próximos e unidos na votação a favor das empresas de ônibus. Picciani tinha terras em Rio das Flores, município ao sul do estado, onde produzia leite e plantava café. Em 1998, já mandachuva na Assembleia, ele deu a guinada ao comprar a vaca Bilara, grande reprodutora nelore, que gerou animais valorizados nos leilões de gado. Agora pecuarista de sucesso, o deputado abriu com os filhos a empresa Agrobilara, justa homenagem à vaca.[4]

O governador Marcello Alencar não jogou a toalha, vetou a isenção de impostos para as empresas e, por causa disso, o projeto retornou à Assembleia. Aí apareceu o poder de Sérgio Cabral. Os colegas temiam a opinião pública, contrária a dar benefício fiscal a empresários, que já cobravam passagem de ônibus tão cara. Cabral decidiu que a votação seria secreta. Irritado com a manobra, irrompeu na tribuna o Papai Noel de Quintino, como era conhecido Albano Reis, do PMDB, por se fantasiar e distribuir presentes naquele bairro do subúrbio. O deputado fez denúncia grave: havia conversas nos corredores sobre propina de 100 mil a 150 mil reais a cada parlamentar a favor das empresas. Diante da acusação, em vez de parar tudo, Sérgio Cabral prosseguiu com a sessão e ainda manteve o voto secreto. "Você é um presidente por acordo, sua máscara vai cair", atacou Reis. Cabral explodiu e chamou o outro para brigar "lá fora". Só daria mesmo para o Papai Noel peemedebista ganhar no braço, não no voto. Por 43 a 22, o plenário derrubou o veto do governador e concedeu a isenção para o transporte de ônibus intermunicipais.[5]

Indiferente à suspeita dos colegas, o presidente tinha mais o que fazer. Ele foi visto numa badalada loja de móveis, na Barra da Tijuca, comprando mobília e estofado de varanda para a casa nova que decorava. Pagou com cheque de 25 mil reais.[6] O divórcio de Susana Neves se consumou na Justiça em março de 1997. O deputado passou a viver com Marise Rivetti, uma bonita advogada de 27 anos, encantada pelo político que ela julgava admirado por todos à sua volta. Marise convivia bem com os três filhos pequenos de Cabral. Daquele tempo, ela se recorda que o marido era pai dedicado e homem encantador.

Os sinais de riqueza começaram a aparecer nessa época. Sérgio Cabral comprou a mansão de praia em Mangaratiba, no litoral fluminense, em junho de 1998. O doleiro Leon Chebar operava o envio de dinheiro sujo ao exterior.

▪▪▪

"Eu sei que o senhor vive um momento difícil na sua vida pessoal, que está preso há um certo tempo. Mas, se eu tivesse um lema, seria firmeza e serenidade", disse o juiz Marcelo Bretas. "Eu adoto esse lema também. Vossa Excelência me permite pedir um café, porque estou há cinco horas sem... um cafezinho?", perguntou Sérgio Cabral, humilde. "Sim é... Vai, vai ser feito", respondeu o juiz, enquanto a funcionária saía da sala para voltar com a bandeja. Já era noite, 12 de julho de 2017. Trazido do presídio de Benfica, o preso passou a tarde toda à espera do interrogatório. Bretas abriu o depoimento com um sermão educado, no qual pediu mais serenidade ao réu.

Na audiência anterior, dois dias antes, Sérgio Cabral chamou de "maluquice" as acusações da Procuradoria da República. Ele se manifestara pela primeira vez diante do juiz, nas outras ocasiões ficou calado. Naquele dia, Bretas deixou passar o desaforo contra os procuradores, que repercutiu na imprensa. Agora dava o leve puxão de orelha.

Sérgio Cabral assimilou bem a reprimenda. Algumas semanas antes, tinha ganhado um alento desde a prisão, ocorrida em 17 de novembro de 2016. Ficou encarcerado os primeiros meses no presídio de Bangu 8, no Complexo Penitenciário de Gericinó, na Zona Oeste da cidade. Em 28 de maio, data de aniversário de seu primeiro filho com Adriana Ancelmo, foi ele quem ganhou o presente: a transferência para Benfica. A cadeia passara por reformas para receber presos com diploma e detidos por não pagar pensão alimentícia. As celas mais cômodas da galeria C abrigariam os capturados da Lava Jato. A troca de cárcere era decisão da Secretaria de Administração Penitenciária, órgão do governo do estado, ainda sob influência de Cabral.

Oito meses atrás das grades definharam o ex-deputado, ex-senador e ex-governador. Ele vestia um terno escuro, sem gravata, tinha os cabelos mais rareados e o rosto chupado. Sentado à mesa na apertada sala de audiência, calmo e didático, Sérgio Cabral confessou que, de fato, mandara 2 milhões de dólares para o exterior "no final dos anos 90". Admitia o seu primeiro crime. Bretas até esperou a confissão completa. "Qual a origem, por que estava lá fora?", quis saber. "É caixa dois de campanha. Eu cometi um erro, eu reconheço isso", respondeu com ar de arrependimento. Ele disse que recebera doações de empresários, ficara com parte do dinheiro e mandara para o banco em Nova York. A versão nunca convenceria o juiz.[7]

Quatro horas antes, o antigo assessor faz-tudo havia prestado depoimento. Sérgio Castro de Oliveira, o Serjão, um homem agora calvo e mais envelhecido pela cadeia, confirmara que levava dinheiro ao escritório do doleiro Leon Chebar, no Centro do Rio, mas dissera não saber de onde vinham os valores.[8]

A Operação Lava Jato desmente o caixa dois de campanha. Os procuradores da República denunciaram Sérgio Cabral por embolsar propina de diferentes setores empresariais. A investigação diz que as empresas de ônibus pagavam por leis e decretos favoráveis a seus negócios. Entre as benesses, o inquérito cita a isenção de imposto aprovada pela Assembleia Legislativa, no final de 1996, durante a sessão comandada por Cabral.[9] Aí estaria a origem dos milhões de dólares na conta Eficiência. Na linha do tempo da Lava Jato, é o ponto de partida do grandioso esquema de corrupção.

▪▪▪

Homem público eficiente. Assim o candidato ao terceiro mandato de deputado se apresentava em 1998. "Como presidente da Assembleia, extingui 800 cargos, acabei com privilégios dos parlamentares e supersalários de funcionários, que recebiam até 40 mil reais por mês", dizia a propaganda política. O PSDB lhe dava 1 minuto e meio de tempo na televisão, um privilégio se comparado ao 1 minuto e 20 restante no total destinado aos outros 73 candidatos tucanos. O espaço na TV e o discurso de eficiente renderam 378 mil votos, a maior votação de um deputado estadual no Brasil. Como ninguém é de ferro, dez dias depois, ele viajou com a mulher, Marise Rivetti, para Barcelona, onde passaria a semana.

O segundo turno pelo governo do Rio ficou entre o ex-prefeito Cesar Maia e Anthony Garotinho, cria política de Leonel Brizola. Ainda ressentido pela derrota em 1996, imposta por Cesar Maia, o deputado campeão de votos decidiu apoiar Garotinho. Bem ao seu estilo, de volta da Espanha, ele saiu do aeroporto do Galeão direto para um corpo a corpo da campanha no bairro da Tijuca. "Encontrei nessa candidatura a possibilidade de um governo mais social, diferente do que propõe o outro candidato", afirmou aos repórteres, enquanto abraçava o sorridente Garotinho. Fortalecido também pela petista Benedita da Silva, candidata a vice, Anthony Garotinho se elegeu.

Antes de encerrar o mandato, o governador Marcello Alencar queria privatizar a companhia de saneamento, mas dependia de autorização do Legislativo. Sérgio Cabral lhe negou apoio: "Faltam menos de 45 dias para o governo do meu partido acabar. Garotinho me pediu para retirar a Cedae do plano. É um direito dele."[10] Pelo menos essa era a versão oficial apresentada à imprensa, mas, como o tempo mostraria, o deputado era movido a propina, e não pelo interesse público.

As denúncias de compra de votos surgiam sempre que grandes interesses entravam em jogo na Assembleia. Alguns deputados, gravados por colegas, foram acusados de pedir até 100 mil reais para votar a favor da privatização. As gravações resultaram na CPI que, pela primeira vez, cassou um deputado estadual no Rio. Foi justamente Aluízio de Castro, adversário de Cabral na disputa pela presidência em 1995. Um tanto cínico, o dono da conta Eficiência comemorou a decisão de "expurgar o suborno". Ele levantou suspeitas de que, por trás da compra de deputados, havia o secretário de Fazenda, Marco Aurélio, filho do governador. Sepultou de vez a privatização da companhia de saneamento.

Mesmo sendo um político experiente, Marcello Alencar saiu magoado da história. Dizia considerar Sérgio Cabral um filho, o ajudara em sua carreira política e achava que, sem conseguir atingi-lo, o antigo pupilo tinha acusado Marco Aurélio. A vingança não tardaria.

O governador divulgou um dossiê sobre a mansão de Mangaratiba, comprada por Sérgio Cabral.[11] Mandou um fotógrafo sobrevoar de helicóptero a casa de praia e apresentou as fotos à imprensa, junto com a papelada de cartório e a avaliação de corretores. O imóvel valia 1 milhão de reais e o salário de deputado não dava para o gasto, disse Marcello. O deputado fez cara de indignado. Respondeu que a casa lhe custara a ninharia de 200 mil reais, que ele tinha dado um terreno como parte do pagamento e parcelado o restante em 18 vezes, de 10 mil reais. Além do salário, tinha embolsado 90 mil reais por um trabalho de consultoria e, portanto, a sua renda bancava o negócio. Ao final, procurou inverter o jogo: deviam investigar se Marcello usara helicóptero do governo no sobrevoo em Mangaratiba.

O Ministério Público do Rio arquivou o caso em menos de um mês, sem ver indícios de enriquecimento ilícito.[12] Como se nada tivesse acontecido, Sérgio Cabral e Jorge Picciani foram reeleitos presidente e primeiro-secretário, no começo de 1999, com apoio de 67 dos 70 deputados. Governador em início de mandato, Anthony Garotinho até sugeriu outro nome para a Primeira-Secretaria, mas não tinha força para separar a dupla no comando do Legislativo. Sérgio Cabral estreitou ainda mais os laços com o peemedebista

Picciani. Trocou o PSDB, de seu agora desafeto Marcello Alencar, pelo PMDB de seu agora braço direito.

Garotinho não prevaleceu, mas podia incomodar muito. Ele afirmou que havia recebido uma ligação pra lá de estranha no telefone vermelho, privativo seu, no Palácio Guanabara. O homem que se apresentara como relações-públicas da Fetranspor, a federação das empresas de ônibus, queria negociar uma saída contra a redução de 15% no preço da passagem, anunciada pelo governo pouco antes. Garotinho disse que entendia aquilo como tentativa de suborno. A ligação viera de outro telefone vermelho instalado na Assembleia, e lá só havia dois desse tipo com acesso direto ao número do governador, um no gabinete da deputada Graça Matos, líder do governo, e outro na sala do presidente, Sérgio Cabral. A líder disse que de seu gabinete ninguém ligara. Irritado com a denúncia, Cabral mandou devolver o telefone vermelho.

Alguns deputados tentaram criar a CPI do Ônibus, mas a Assembleia arquivou o pedido de investigação por 49 votos contra 16. Enquanto, em protesto, parlamentares comiam pizza no plenário, Sérgio Cabral assumiu um tom sério ao microfone. Ele disse que jamais seria omisso sobre pagamento de caixinha a parlamentares, mas não permitiria "ilações". Algum tempo depois, na saída do Ministério Público do Rio, o então deputado petista Chico Alencar afirmou que Garotinho, antes mesmo de tomar posse, já sabia do lobby do transporte de passageiros. "O governador disse que, para quebrar o esquema, seria necessário separar Picciani e Cabral, que comandavam tudo", disse Alencar.[13]

Numa cerimônia reservada, em 23 de agosto de 1999, Sérgio Cabral se casou com advogada Marise Rivetti com quem já vivia desde 1997. Depois da festa, os dois embarcaram em lua de mel para Los Angeles. O noivo foi sem preocupação com os gastos em dólares.

Capítulo 5

# RIQUEZA

Eleusa de Lourdes comprava roupas nas confecções de Copacabana para revender de porta em porta. Com duas sacolas no braço, visitava as clientes diariamente, algumas em repartições públicas. Ela e as duas filhas moravam num prédio modesto do Posto 2, o pedaço menos glamouroso de Copacabana, cheio de apartamentos pequenos e baratos. Filha mais nova, Adriana Ancelmo estudava na escola pública Infante Dom Henrique, a poucos metros de casa. A menina se tornou uma bonita adolescente. Aos 17 anos, quando saía à noite com o namorado, o seu jeito afável chamava atenção dos caça talentos, na época atrás de modelos promissoras. Bastante religiosa e provinciana, a família tinha berço no interior de Goiás, muitos parentes ainda estavam por lá. Adriana nasceu em São Paulo do casamento fracassado de Eleusa, que, após o divórcio, decidiu se transferir para o Rio com as meninas ainda pequenas.

Numa época em que o curso de Direito não era tão concorrido, Adriana passou no vestibular da Pontifícia Universidade Católica, a PUC. O comprovante de baixa renda lhe valeu uma bolsa de estudo de 50%, e ela arranjou emprego de vendedora nas lojas da Benetton e Corpo e Alma para inteirar a mensalidade. A mãe, Eleusa, "sempre batalhadora e correta em seus negócios", como dizia uma pessoa próxima a ela, ajudava no que podia com a revenda de roupas.

Aos 24 anos, Adriana se casou com o advogado Sérgio Coelho, com quem namorava desde a adolescência. Em 1997, os dois abriram um escritório de advocacia,[1] que ocupava uma sala na rua do Ouvidor, perto do comércio da rua Uruguaiana. Eram apenas os dois e mais uma secretária. Em busca de outra renda, Adriana conseguiu um cargo no então recém-criado Instituto de Segurança Pública, o ISP, até que uma colega advogada a convidou para trabalhar na Procuradoria Jurídica da Assembleia Legislativa. O irmão do procurador Régis Fichtner havia sido o seu professor nos tempos de PUC.

Na vida pessoal, Adriana começou a se preocupar em manter a beleza de menina sorridente, que naturalmente o tempo afetava. Fez então a sua primeira cirurgia para eliminar as olheiras. Muitas outras de vários tipos viriam. Também se preocupava em manter o peso. De gênio forte, costumava chorar diante de embates mais acalorados. As compras no shopping serviam de válvula de escape para suas tensões. Sérgio Coelho mantinha-se no escritório e o negócio começou a crescer um pouco, enquanto o casamento de sete anos ruía. O casal não tinha filhos por decisão dele.

Num dia de março de 2001, ainda funcionária da Assembleia, Adriana encontrou no elevador o todo-poderoso presidente da Casa. Sérgio Cabral acabara de ser reeleito de novo, por 64 votos a 1, para o cargo que ocupava havia seis anos. Mulherengo profissional, ele se interessou pela assessora jurídica de 30 anos, mesma idade de sua mulher, Marise. O chefe do Legislativo não teve dificuldades para rever a funcionária outras vezes e convidá-la para sair. Marise descobriu o caso.

"Meu casamento sempre foi muito perturbado pela primeira mulher, Susana, que não queria que tivéssemos filhos por conta de divisão de herança", conta Marise. "Chegou ao ponto de ele fazer vasectomia e tentar reverter um ano depois, mas sem sucesso." Ela queria ser mãe e insistia. "Eu já tinha 30 anos e chegamos a tentar inseminação artificial." Mas, àquela altura, a sua principal adversária era Riqueza, e não mais Susana. "Quando faltavam três dias para o procedimento na clínica, Adriana Ancelmo deu um jeito de eu ficar sabendo que ela estava de caso com ele." A vida conjugal acabou ali. "Como traição sempre foi coisa que nunca tolerei, eu pedi o divórcio. Muitas pessoas aceitam por conveniência. Não seria o meu caso." Marise ainda guarda boas recordações. "Terminamos o casamento nos amando muito. Tenho muito carinho por ele, um excelente marido, mas com fraqueza por rabo de saia."

No dia 7 de junho, Adriana e Cabral oficializaram o namoro. Dois meses depois, Adriana estava grávida de um menino. O futuro pai havia revertido a vasectomia.

Adriana largou o marido, mas os dois continuariam sócios do escritório, que se mudara para um endereço melhor e possuía ao menos cinco advogados. Alguns anos depois, em 2005, passaria a funcionar na avenida Rio Branco, onde chegaria a ocupar uma área de 500 metros quadrados com dezenas de funcionários.

Adriana mudou-se para o apartamento no Leblon, onde teria a nova vida conjugal. O imóvel que ocupa um andar inteiro foi comprado em seu nome, por 1,3 milhão de reais.[2] Diferente de Susana Neves, no início do relacionamento, ela se envolveria menos na vida pública do marido para se dedicar mais à advocacia. Tal independência não a livrava do ciúme. Exigia fidelidade e Cabral tinha que andar na linha de agora em diante. Ele parecia disposto a se equilibrar pelo amor da mulher, que chamava de Riqueza. O primeiro filho deles nasceu na clínica São Vicente, no final de maio de 2002.

▪▪▪

Na noite de 27 de outubro de 2002, algumas horas após o segundo turno das eleições presidenciais, morreu Gastão Neves, o ex-sogro que influenciou Sérgio Cabral na juventude. Aos 64 anos, faleceu na cama de seu apartamento na Lagoa de insuficiência respiratória aguda, carcinoma de vesícula biliar e embolia pulmonar. Deixou um patrimônio de 1,65 milhão de reais, principalmente em imóveis. Naquela mesma noite, o então metalúrgico Luiz Inácio Lula da Silva se elegeu presidente da República, após três tentativas fracassadas. Cabral ganhara a vaga no Senado ainda no primeiro turno com 4,2 milhões de votos, 27,8% do total.

O senador teria que se adaptar à vida em Brasília, longe do filho de 8 meses e de casa, mas logo veria que não era assim tão difícil. Na prática, a semana tinha apenas três dias de trabalho para valer. Quinta-feira à noite, ele voltava ao Rio para o fim de semana na casa de praia em Mangaratiba. Tinha só 40 anos e grandes chances de virar governador, quem sabe não chegaria a presidente, como o pai um dia previra. O futuro parecia promissor, mas o senador precisava se cuidar. A investigação que podia pegá-lo só crescia, e ganhava todos os dias as manchetes dos jornais.

O escândalo que o assustava ganhou forma nas primeiras semanas de janeiro de 2003. As autoridades da Suíça tinham detectado movimentações suspeitas de altas somas por brasileiros no Discount Bank and Trust Company (DBTC), em Zurique. Então repassaram as informações à Procuradoria da República no Brasil, que denunciou a remessa ilegal de 33,4 milhões de dólares do país para o banco suíço. Os donos das contas eram sete auditores da Receita Federal e cinco fiscais tributários do estado do Rio. Segundo o Ministério Público Federal, o grupo extorquiu o dinheiro de várias empresas durante as fiscalizações. Em troca do pagamento, eles fechavam os olhos à sonegação fiscal.

A falcatrua transcorreu nos anos de 1999 e 2000, no meio da gestão do ex-governador Anthony Garotinho. Principal envolvido, Rodrigo Silveirinha pertencia à cúpula do novo governo que começava. Ex-subsecretário de Administração Tributária do governo Garotinho, o fiscal de renda estava cotado para assumir a Fazenda na gestão da governadora eleita Rosinha Garotinho. Algumas semanas antes, ele se sentara à mesa com a governadora, na apresentação da equipe de secretários. A imprensa chamava o escândalo de Propinoduto.[3]

Sérgio Cabral ficou assustado porque ele mantinha milhões de dólares no exterior, em Nova York – valores arrecadados com empresários do transporte rodoviário, segundo acusação da Procuradoria da República. Não tinha a ver com a maracutaia dos fiscais, mas a investigação podia rastrear outras contas fora do país, principalmente de políticos, e ele cair na malha fina. Além disso, ele empregara a mulher de Silveirinha no seu gabinete na Assembleia. Por conta disso, poderia se tornar alvo de suspeitas.

O agora senador entregara o bastão do poder no Rio ao seu maior aliado. Eleito presidente por unanimidade, Jorge Picciani agora daria as cartas na Assembleia Legislativa. Tornara-se político poderoso e milionário, com patrimônio de 2 milhões de reais, segundo a sua declaração de renda de 2001. Três vezes mais do que os 533,8 mil reais que ele tinha em 1996, antes de assumir a Primeira-Secretaria da Casa.[4] Nos dias de hoje, a Operação Lava Jato afirma que a prosperidade do deputado, e também a de Cabral, começou na propina paga por empresas de ônibus.[5]

Picciani se viu obrigado a instalar uma CPI às pressas para apurar o escândalo do Propinoduto, tomando o cuidado de entregar o comando a um deputado de confiança, Paulo Melo. Não faltariam aliados a proteger Sérgio Cabral de alguma ameaça na CPI, mas não havia blindagem contra a Procuradoria da República. Os 2 milhões de dólares do senador estavam depositados no Israel Discount Bank, em Nova York, bem longe do banco na Suíça usado pelos fiscais tributários e, a princípio, fora do radar dos investigadores. Ainda assim, Sérgio Cabral não queria correr o risco e procurou o filho do doleiro Leon Chebar.

À frente dos negócios do pai, Renato Chebar lembrou que os dois cursaram o Primeiro Grau (atual Ensino Fundamental) no colégio Andrews, na praia de Botafogo. Mal se falavam e ainda assim recordava-se bem. O senador procurou ser simpático, mas não estava naquela reunião, em pleno carnaval de 2003, para tratar de amenidades do passado estudantil. Queria apagar qualquer rastro que o ligasse aos milhões de dólares lá fora. Renato Chebar concordou em transferir o dinheiro para as contas Silver Fleet e Alpine Grey, abertas em nome dele na mesma agência em Nova York.[6]

Após a transferência, o senador sentiu-se blindado por todos os lados para engordar o seu esquema. Renato Chebar delataria à Lava Jato que Sérgio Cabral começou a fazer depósitos mensais de 50 mil a 250 mil reais. A remessa ao exterior seguia o mesmo manual, o sistema dólar-cabo, no qual o cambista embolsava as notas em reais no Brasil e depositava o equivalente em dólares no banco de Nova York. Veterano assessor faz-tudo, Serjão continuava a entregar o dinheiro em mochilas, pastas ou envelopes no escritório do operador. Entre 2003 e 2007, as contas chegaram ao saldo de 6 milhões de dólares.[7]

∎∎∎

A miss de 20 anos ameaçou roubar a cena do casamento no Copacabana Palace, na noite de sábado, 3 de abril de 2004. Com 900 convidados, a festa era de nababo. Quanto luxo e riqueza! Bem diferente do que fora a sua, havia menos de um ano, quando se casara com o poderoso político de 63 anos, numa cerimônia familiar e com uma dúzia de pessoas. As passarelas ainda se abriam à miss paulista, eleita em 2002, e a linda Marcela desfilava sob olhares de todos os lados, enquanto o marido gesticulava ao seu estilo nas rodinhas de políticos.

Deputado e presidente nacional do PMDB, Michel Temer não poderia faltar à festa do promissor senador peemedebista, e Marcela Temer, sua mulher, abrilhantava a sua presença. Também compareceram vários dos companheiros de Senado do noivo, entre eles Renan Calheiros, Romero Jucá, Ramez Tebet, Tasso Jereissati e Pedro Simon. Em Brasília, Sérgio Cabral não quis entrar para a cúpula peemedebista nem se deslumbrou com os convites de Lula para se aproximar da Presidência da República. Esteve duas vezes nas sessões de cinema que o presidente fazia para convidados no Palácio da Alvorada, mas achou tudo chato, a começar pelos filmes. Nas palavras de uma fonte próxima aos fatos daquela época, ele encarou o mandato no

Congresso Nacional como um "sabático" antes de conquistar o governo do Rio.

Avessos às badalações, a governadora Rosinha e seu marido Garotinho deram uma passada por lá. A ex-mulher Susana Neves, sem mágoas do passado, também cumprimentou os noivos.

Adriana Ancelmo fazia frente a Marcela num tomara que caia de zibeline, do badalado estilista Carlos Tufvesson. Ela vivia havia três anos com Sérgio Cabral, mas decidiu marcar a união do casal aos olhos da alta sociedade e de políticos nacionais, não apenas diante dos caciques do Rio de Janeiro. Não economizou flores. Pelo menos 3 mil dúzias de rosas vermelhas enfeitavam as mesas de toalhas brancas. Para combinar as cores, o decorador espalhou pelo salão pufes e sofás vermelhos e brancos.[8] Havia dinheiro de sobra para todos os caprichos.

Capítulo 6

# ADIANTAMENTO DE PROPINA

Lula arregaçou as mangas da camisa, dobrou a barra da calça e, a conselho de alguém, tirou as meias para não escorregar na corrida até a marca do pênalti. O chute carimbou a bola na trave direita. Ele abriu os braços e sorriu decepcionado, mas um ex-craque de futebol, que muito brilhou naquele gramado do Maracanã, tinha autoridade para lhe dar a segunda chance. Agora no uniforme de deputado, de terno e gravata, Roberto Dinamite ajeitou a bola com o pé e tomou o lenço branco que o presidente segurava. Lula fez o gol e ainda marcou outro de desempate. O goleiro Sérgio Cabral só ameaçou pular num gesto teatral. Vai que defendesse, se tentasse.

Há dois meses no cargo, o governador não queria contrariar o homem que lhe trazia dinheiro para obras no Rio de Janeiro. Afinal, Sérgio Cabral já marcara o seu gol fora de campo. Pouco antes da encenação no gramado, Lula tinha assinado a medida provisória que liberava a verba para a reforma do Maracanã. Dentro de quatro meses, o estádio abrigaria os Jogos Pan-Americanos de 2007.[1]

Naquela manhã de 7 de março, o presidente fazia a terceira visita ao Rio em 2007, sempre de bolso aberto ao estado que, na reeleição de 2006, lhe dera quase 70% dos votos válidos. O petista encontrou a terra fértil de eleitores para compensar a aridez em São Paulo, onde há muito tempo os rivais tucanos colhiam as vitórias. Antes de bater o pênalti, Lula disse a Cabral, numa de suas tantas metáforas, que estava leve para dar o chute porque tirara das costas o peso das urnas, não seria candidato a nada em 2010. Era meia verdade porque Lula já carregava a carga de sua sucessão na Presidência da República, e a pesada Dilma Rousseff – sua candidata – dependeria como nunca de uma boa votação no Rio de Janeiro.

Antes do Maracanã, em janeiro, Lula havia liberado 58,5 milhões de reais para a urbanização e construção de casas em favelas cariocas.[2] A cerimônia ocorrera no Palácio Laranjeiras, residência oficial do governador, embora Cabral e a mulher Adriana vivessem no apartamento do Leblon. Não dava para Lula ir à favela da Rocinha – onde o projeto teria início – porque lá bandidos armados com fuzis controlam quem entra e sai da comunidade. O presidente voltou três semanas depois para lançar a construção de uma rodovia – chamada de Arco Metropolitano – para desafogar o trânsito do Rio e de cidades vizinhas. O governo federal bancaria 75% do investimento de 929 milhões de reais.[3]

Sérgio Cabral ficou eufórico com a dinheirama, que ainda tardaria na burocracia de Brasília, mas já permitia avisar aos empreiteiros que havia mel no pote para todo mundo se lambuzar. Numa dessas frases infelizes, que não se apagam mais, Lula profetizou o futuro de seu aliado quando liberou o dinheiro para a Rocinha, na cerimônia de 18 de janeiro: "Queria dizer que o seu início de governo foi muito vigoroso, uma demonstração de que você veio para mudar a história do Rio."[4] O governador fez cara de comovido. Por outros motivos, Lula tinha toda razão.

■■■

O presidente da Andrade Gutierrez contou à Justiça – em um dos processos da Lava Jato – que visitou Sérgio Cabral no apartamento do Leblon, no início de 2007. Rogério Nora de Sá tinha 30 anos de carreira na construtora, dona de negócios em 40 países, e alcançara o topo ao assumir a presidência da companhia em 2002. Conhecia o governador desde 1995, quando passou a morar no Rio e a manter "relação cordial" com o então presidente da Assembleia Legislativa, um político promissor. Ocorreram algumas conversas entre eles na campanha eleitoral de 2006 sobre doações legais, pelo caixa um, mas agora o executivo estava ali pelo interesse da empreiteira em obras do novo governo. Nora de Sá diz que Sérgio Cabral prometeu contratos milionários, mas antes queria propina adiantada.

Era algo inédito mesmo num país acostumado a tantos casos de corrupção. O governador exigia repasse mensal de 350 mil reais, uma mesada, adiantamento para a organização criminosa que se formava. Quando o esquema começasse a funcionar, o governo cobraria 5% sobre o faturamento das obras. Os valores antecipados pela Andrade Gutierrez seriam então descontados do percentual de propina a ser paga. "Até lá Cabral precisava da ajuda financeira", afirmou Nora de Sá, no seu depoimento à Justiça Federal, em março de 2017.[5] Ele topou adiantar o suborno.

Agora que precisava viabilizar os pagamentos em dinheiro vivo, procurou Clóvis Primo, o experiente diretor-geral de obras que começou como estagiário na Andrade Gutierrez. Ao ouvir o chefe, ele estranhou aquilo tudo, afinal nem contratos havia com o governo do estado para compensar a mesada de 350 mil reais e, além do mais, não era coisa simples de fazer. Como a empreiteira explicaria a saída do dinheiro aos órgãos de fiscalização, principalmente à Receita Federal? "Você vai pagar propina com nota fiscal? Não dá, né", raciocinou Clóvis Primo.[6] Ele conhecia três formas de caixa dois na iniciativa privada: "Pagamentos a outra empresa para ela repassar a quantia ao destinatário final (no caso, Sérgio Cabral). Assinar contratos fictícios com fornecedores que nada entregam, só cobram uma taxa e devolvem em espécie o que receberam. Ou realizar doações milionárias a partidos políticos."

A Andrade Gutierrez escolhera a segunda opção havia algum tempo, quando o empresário paulista Samir Assad bateu à porta, como se fosse caixeiro-viajante. Um dos executivos da construtora, Flávio Barra delatou a tratativa em depoimentos de junho de 2016. Samir e o irmão dele, Adir Assad, tinham um cardápio de empresas que iam do setor da construção civil ao da aviação: a SP Terraplanagem, JSM Engenharia, Legend Engenheiros Associados e Alpha Táxi Aéreo. De início, Samir ofereceu serviços de terraplanagem e locação de equipamentos, mas, conversa vai, conversa vem, mencionou um negócio extra que poderia interessar, se precisassem de "dinheiro não contabilizado". A empreiteira contrataria as empresas da família Assad por serviços jamais prestados. Os irmãos emitiriam notas fiscais frias em troca de generosa comissão de 20% – afinal aquilo era coisa de profissional – e devolveriam 80% em dinheiro vivo para a construtora.[7]

Cerca de 177 milhões de reais passaram pelo caixa dois da Andrade Gutierrez no período de 2008 a 2013, não só para o esquema de Sérgio Cabral, mas também para subornar outros políticos e dirigentes de estatais pelo Brasil.[8] Em compensação, a construtora recebia obras públicas importantes com as quais esperava obter lucro. O cofre do caixa dois ficava na diretoria financeira, no quarto andar da sua sede, na enseada de Botafogo,[9] onde trabalhava o gerente comercial, Alberto Quintaes. A sua planilha de controle registra que o primeiro adiantamento de 350 mil reais ocorreu em maio de 2007 e seria descontado da propina que a Andrade Gutierrez pagaria para reformar o Maracanã, destinado aos Jogos Pan-Americanos. Ali mesmo no estádio, dois meses antes, Lula tinha assinado a liberação de 100 milhões de reais para a obra e saíra feliz por marcar dois gols de pênalti em Sérgio Cabral.

■■■

Na sua delação à Lava Jato, Quintaes falou de uma reunião logo no início do esquema, num escritório da avenida Ataulfo de Paiva, no Leblon, pertinho da casa do governador. Quando cruzou a porta, ele se viu diante de dois amigos de longa data de Sérgio Cabral.[10] O mais cacifado deles, Wilson Carlos, estudou com Serginho no colégio Bennett e agora era o poderoso secretário de Governo. Carlos Miranda foi assessor nos tempos de Assembleia Legislativa, casou-se com a prima do chefe, Maria Angélica, e acabou se tornando o homem da mala de dinheiro. Wilson Carlos se apresentou como negociador de propina, ele faria o acerto e Miranda recolheria os valores em espécie.

O caixa da corrupção pagaria as despesas da família Cabral, que, segundo a governanta Sônia Baptista, ficava entre 120 mil e 150 mil reais por mês. Ela diz que havia ao menos 15 empregados: cinco no apartamento do Leblon, cinco ou seis na casa de praia, em Mangaratiba, e mais cinco nas casas da ex-mulher Susana Neves. A folha de pagamento dos funcionários girava em torno de 40 mil reais e se somava a outros gastos domésticos, a impostos, mensalidades da escola e da faculdade. Havia até o IPVA dos três carros de Susana.

Sônia começara a trabalhar com o patrão na campanha dele para prefeito, em 1996. Agora cuidava para que nada faltasse à família. Fazia a matrícula das crianças, comprava material escolar, marcava consulta no pediatra. Muitas vezes, ela encontrava o governador jogando bola no corredor da sala com os meninos pequenos. O caçula nasceu em agosto de 2006. Adriana não gostava da bagunça, principalmente quando José Eduardo, de 11 anos, filho mais novo de Susana, juntava-se aos irmãos. Já Sônia Baptista não continha a admiração pelo "pai presente".

Ao final de cada mês, a governanta fazia uma lista de despesas, juntava boletos de cobrança e entregava para Carlos Miranda pagar. Segundo ela, o sistema começou a funcionar assim após o governador assumir o cargo. Miranda passou a bancar até o salário de 20 mil reais de Sônia. Antes, ela ganhava metade disso pelo Senac, mesmo sem aparecer para trabalhar, pois dava expediente na casa de Cabral, como revelou, meio constrangida, em depoimento à Lava Jato.[11]

Formado em Economia, Carlos Miranda fazia o imposto de renda do governador e de toda a família Cabral. Enviava as declarações pelo computador de seu apartamento, localizado de frente para a Lagoa Rodrigo de Freitas.[12] Ele tinha até a senha das contas bancárias do chefe. Os dois viraram sócios numa empresa de comunicação. Miranda também abriu um negócio de consultoria com Mauricinho, o irmão do governador, de quem era muito amigo, desde o tempo de escola. Sujeito lacônico, zelava pela discrição e fidelidade, e não se metia em assuntos de política. Em 2012, compraria uma fazenda para produzir leite de cabra em Paraíba do Sul, na divisa com Minas Gerais, e o governo consertaria a estrada de acesso à propriedade. A joalheira Antonio Bernardo, que vendia joias a Adriana Ancelmo, pagas por Miranda com dinheiro do esquema, passou a identificá-lo pelo apelido de "João Cabra".[13]

Muito tempo depois, na sua delação à Lava Jato em 2017, Carlos Miranda confessou que era o "gerente financeiro da organização criminosa chefiada por Sérgio". Ele detalhou melhor as despesas da família bancadas pela propina.[14] Segundo Miranda, a ex-mulher de Cabral Susana Neves recebia mesada de 100 mil reais em dinheiro vivo e também, durante dois anos, por meio de um contrato fictício entre a empresa dela, que só existia no papel, e a empreiteira FW Engenharia. Susana admite que de fato pegava dinheiro, mas em valores menores, na faixa de 40 mil reais, e sem conhecer a origem. "Eu não tinha motivo nenhum para desconfiar do Sérgio, um governador superbem avaliado e pai dos meus filhos. Nunca desconfiei",[15] disse ela, em depoimento ao juiz Marcelo Bretas.

O esquema de corrupção também bancou reformas nas casas de Susana em Petrópolis, em São João del-Rei (a terra de seu tio-avô, Tancredo Neves) e no apartamento de cobertura na Lagoa, onde morava o filho mais velho dela. Carlos Miranda conseguiu que alguns consertos na fazenda dele, em Paraíba do Sul, também entrassem no pacote. Todas as obras foram custeadas pela FW Engenharia, que desembolsou pelo menos 3 milhões de reais. A empreiteira abateu esse valor dos 5% de propina exigida pelo governador. Entre os contratos da FW com o estado, estava o da reforma do hospital Rocha Faria, unidade de emergência com 198 leitos. O governo gastou menos no hospital do que o esquema nos imóveis de Susana e Carlos Miranda. No começo de 2016, o precário Rocha Faria passou à prefeitura do Rio e, tempos depois, teve o atendimento limitado, entre outros motivos, por causa da presença de moscas no centro de terapia intensiva.[16]

Miranda disse que também entregava dinheiro vivo aos pais de Serginho, Magaly e Sérgio Cabral. A mesada chegaria a 100 mil reais em 2013 e 2014, já no final do governo. A irmã do governador, Cláudia Cabral, recebia 25 mil reais. O filho mais velho de Serginho e Susana, João Pedro, 10 mil, e o mais novo, José Eduardo, então com 18 anos, 5 mil reais. Marco Antônio, o do meio, se elegeu deputado federal com direito a foro privilegiado no Supremo Tribunal Federal, então Marcelo Bretas não quis perguntar sobre ele. Em novembro de 2011, o irmão de Cabral, Maurício, ganhou 240 mil de presente para sua agência publicidade. Carlos Miranda fazia tudo o que o chefe mandava, e não podia reclamar do salário de 150 mil reais, com direito a gratificação de 200 mil reais ao final de cada ano.

O gerente Alberto Quintaes entregava o dinheiro da Andrade Gutierrez no escritório do Leblon, depois em outro endereço no Jardim Botânico e também na sede da empreiteira, em Botafogo. Carlos Miranda viajava a São Paulo para encher a mochila na sede paulista da empreiteira, quando o cofre no Rio de Janeiro, esvaziado, não podia atendê-lo. Segundo a planilha de Quintaes, a Andrade Gutierrez desembolsou um total 4,5 milhões de reais entre maio de 2007 e maio de 2008.[17] Nora de Sá então suspendeu a mesada, pois se achou no prejuízo. A reforma do Maracanã para o Pan-Americano acabara. Restara apenas a construção do Mergulhão de Caxias, uma passagem subterrânea no centro de Duque de Caxias, na Baixada Fluminense. Àquela altura, porém, o esquema já cobrava mesada de outras empreiteiras.

■ ■ ■

A intensa movimentação de dinheiro no 11º andar do prédio cheio de persianas da Rio Branco, no Centro do Rio, indicava que o esquema de corrupção aumentara muito. Antes de 2007, o escritório do doleiro Renato Chebar recebia no máximo 200 mil reais por mês, na maioria das vezes em pacotes deixados por Serjão, o fiel assessor de Sérgio Cabral. O doleiro repassava as notas em reais a cambistas no Brasil que, pelo sistema dólar-cabo, depositavam o equivalente em dólares nas contas de Nova York. Ele também fazia pagamentos no Brasil conforme lhe indicavam. Após a posse do governador, Carlos Miranda começou a despachar para o escritório várias mochilas cheias que, no fim do mês, somavam entre 500 mil e 1 milhão de reais. Miranda telefonava todos os dias para tratar da movimentação. "Comecei a não dar conta do serviço porque ficou grandioso demais", contou Chebar à Justiça Federal.

O colega de escola de Sérgio Cabral passou de operador a delator do esquema e ficou à vontade nesse papel até para brincar com o juiz Marcelo Bretas, no depoimento de julho de 2017. Ao mencionar os pagamentos que fazia por ordem de Carlos Miranda, ele citou o carnê do clube Flamengo. "Esse me chamava a atenção", disse Chebar. "Esse aí tem que pagar mesmo, não pode faltar recurso", devolveu Bretas, seguido de risadas na sala de audiências. A paixão do juiz pelo time rubro-negro apareceria em outros momentos da Lava Jato. Durante o interrogatório de Susana Neves, ela se declarou flamenguista ao falar dos filhos vascaínos. "Pena que não posso dar a sentença agora. Senão, você estava absolvida", gracejou, para gargalhada da ex-mulher do governador.

O crescimento do esquema deixou Renato Chebar realmente preocupado em 2007: "Tinha medo de guardar aquele dinheiro todo.

Como eu ia transportar? Andar no Rio de Janeiro com um dinheiro desses? Deus me livre!" Em caso de assalto, faria o quê? Se chamasse a polícia, seria ele o preso. Chebar decidiu terceirizar a operação. Fez contato pelo Skype com os cambistas de codinome Tony e Juca Bala – esse último dono de um escritório no Uruguai –, que possuíam estrutura internacional para escoar a dinheirama.[18]

Os três decidiram espalhar contas em várias partes do mundo. Além das duas em Nova York, abriram outras em Genebra, Bahamas, Luxemburgo, Holanda e Mônaco. Assim ficava mais difícil para as autoridades rastrearem as transferências. Os dirigentes de banco não incomodavam muito, pois queriam receber clientes. Três ou quatro vezes por ano, Renato Chebar procurava Sérgio Cabral para prestar contas, informar sobre a movimentação e o investimento do dinheiro. Segundo ele, o governador dava alguns palpites sobre aplicações financeiras. No período de sete anos, as contas chegariam a ter saldo de 120 milhões de dólares.[19]

■ ■ ■

Donos da Carioca Engenheira, Ricardo Pernambuco e o seu filho Pernambuco Júnior foram ao apartamento do governador eleito, no final de 2006, dar os parabéns pela vitória e prospectar obras. A empreiteira com negócios concentrados no Rio dependia muito de contratos com o Estado. Para tratar do assunto, o governador indicou como interlocutor o seu homem de confiança, Wilson Carlos, que assumiria a Secretaria de Governo. Em fevereiro de 2007, Pernambuco Júnior procurou o secretário no Palácio Guanabara e, numa conversa franca, disse que a Carioca Engenharia tinha interesse na urbanização das favelas cariocas, ou PAC das Favelas, como a gestão Lula chamava.

Semanas depois, Wilson Carlos avisou Pernambuco Júnior que a Carioca Engenharia ficaria apenas com um pedaço da obra na favela da Rocinha, um projeto de 175,6 milhões de reais. A líder do consórcio seria a Queiroz Galvão. O empresário esperava mais para a sua construtora, "amiga do governo", prata da casa. Não era para tanta lamúria, ponderou o secretário. Ele avisou que a Carioca ganharia um lote do Arco Metropolitano, a rodovia planejada no entorno da cidade. Não havia licitação na praça ainda, mas, quando houvesse, o esquema daria um jeito de direcionar a concorrência pública. E deu mesmo. A Queiroz Galvão venceu a licitação da Rocinha e a Carioca veio junto para tocar parte do serviço, na expectativa de abocanhar no futuro o Arco Metropolitano. Pernambuco Júnior relatou a história, numa audiência à Justiça, em outubro de 2017.[20]

O primeiro ano do governo Sérgio Cabral não teve maiores novidades para o empresário. Até que, em fevereiro de 2008, Wilson Carlos almoçou com Pernambuco Júnior e Eduardo Backheuser, irmão do empreiteiro, no restaurante Eça, localizado no subsolo da joalheria HStern. O lugar, que fechou em outubro de 2017, oferecia pratos na faixa de 130 a 220 reais, adega com mais de 150 rótulos de vinho e espaço reservado de 16 lugares. A cozinha ficou famosa pelas sobremesas do chef belga acompanhadas de frases do escritor português Eça de Queirós. "A vida não é possível sem um bocado de pitoresco depois do almoço",[21] dizia uma delas. Wilson Carlos explicou que o seu bocado era o pagamento de uma mesada, também adiantamento de propina. A construtora ganhara a licitação, mas nem contrato assinado tinha ainda. "Vamos ver como a gente vai tratar isso", respondeu Pernambuco Júnior, segundo delatou mais tarde à Justiça Federal.[22]

Os irmãos saíram do encontro direto para a sede da Carioca

Engenharia, um prédio estilo caixote de frente para a Quinta da Boa Vista, o imenso parque de alamedas onde a família real residia nos tempos do império, em São Cristóvão. Na sala de Ricardo Pernambuco, pai, os três fizeram as contas. Tudo era discutido de boca na empresa administrada num jeito familiar, sem relatórios por escrito ou papelada que registrasse as decisões. Ao final de algum tempo, chegaram finalmente ao valor de 200 mil reais por mês que podiam desembolsar, mas já com a estratégia de "empurrar com a barriga" os pagamentos o quanto fosse possível. Logo que soube da decisão, Wilson Carlos marcou uma reunião no escritório da avenida Ataulfo de Paiva, no Leblon, onde apresentou Carlos Miranda aos empreiteiros.

A executiva Tânia Fontenelle montou o caixa dois para bancar a mesada de 200 mil reais. Funcionária da maior confiança de Pernambuco, ela entrou na Carioca Engenharia em 1988, dez anos depois virou diretora financeira e agora, conselheira da companhia. Fontenelle apelou a esquema semelhante ao usado pela Andrade Gutierrez. Contratou empresas-fantasma, inclusive as dos irmãos Samir e Adir Assad. Como alternativa, ela podia superfaturar o preço dos serviços de fornecedores reais. Nos dois casos, os operadores cobravam taxa pelas notas fiscais frias e devolviam o dinheiro em espécie. Carlos Miranda ia à sede da Carioca recolher os maços de notas. Com dificuldades de pagar, a empreiteira às vezes parcelava, às vezes transferia para o mês seguinte. Quando Tânia finalmente ligava, Carlos Miranda corria ao prédio. Uma ou duas vezes, passou da hora do expediente e ela precisou levar o dinheiro para a sua casa, em Ipanema. Pouco depois, o homem da mochila batia à sua porta.[23]

▪▪▪

A noite de 18 de dezembro de 2017 começou abafada pelo calor de 37 graus que fizera durante o dia. Na sala de audiências, diante do juiz Marcelo Bretas, Sérgio Cabral desabafou: "É muita saudade dos meus filhos, da minha família, isso é muito duro. Estar 13 meses preso. Eu tenho cinco filhos maravilhosos, uma mulher maravilhosa, que também passa momentos de grande sofrimento. Nunca misturei religião na minha vida pública, mas tenho buscado força em Deus.[24] O ex-governador disse que se sentia triste por causa da semana do Natal, que começava naquela segunda-feira. Ficou cabisbaixo, jogou a caneta na mesa e suspirou várias vezes.

Fora o clima natalino, ele tinha sofrido um duro golpe na sua linha de defesa de negar corrupção. Interrogados antes, tanto Carlos Miranda quanto o empresário Flávio Werneck, dono da FW Engenharia, o incriminaram: o primeiro admitiu o esquema da organização criminosa e o segundo confirmou os 5% de propina.

Sérgio Cabral apertou os lábios, balançou a cabeça e disse que Werneck era seu amigo de infância: "Imagino com que vergonha ele voltou para casa hoje." Em seguida, acusou os dois de mentirem no depoimento para escapar da cadeia. O ex-governador defendia a versão de que nunca recebera propina, somente embolsara repasse ilegal às suas campanhas. Equilibrando-se na corda bamba dessa tese, alegou que pedira ao empresário para bancar as despesas de Susana, em vez de fazer doação eleitoral. "Deixa eu ver se entendi. No seu dicionário, caixa dois de campanha é igual a pagamento de pensão à sua ex-mulher?", perguntou Marcelo Bretas. Cabral insistiu que era acordo de amigos que se conheciam há 40 anos.

Quando o advogado do empresário o interrogou sobre a tal amizade de infância, que seu cliente negava existir, Sérgio Cabral voltou ao estilo de antigamente, de quem não admitia questionamentos. Cruzou os braços e encarou o interlocutor: "Qual é o seu nome?"

"Eu sou Leonardo", respondeu o outro. "Leonardo de quê?", insistiu. "Quem faz as perguntas aqui sou eu", pontuou o advogado. O ex-governador ainda tentou manter o espírito de confronto, mas voltou a ficar cabisbaixo.

Nem parecia o homem da audiência de duas semanas antes, que se defendera com certa soberba: "O meu *leitmotiv*, a minha motivação, não era propina, excelência. Não pedi dinheiro a nenhum construtor. Eu não sou o Ademar de Barros: rouba, mas faz. Eu realizei, eu não roubei." Depois de uma boa explanação sobre conflitos de interesses, o juiz tinha perguntado se o ex-governador não achava que doação ilegal a um candidato visava ao favorecimento em obras públicas, igual a propina. Cabral não se fizera de rogado. "O senhor podia me servir um café, se fosse possível?",[25] pedira, antes de negar. Bretas mandou servir.

Agora, menos arrogante, Sérgio Cabral saía abalado da audiência. Mas logo viria a boa notícia. Naquela tarde calorenta de dezembro, o ministro Gilmar Mendes, do STF, mandara Adriana Ancelmo cumprir prisão domiciliar. Ela trocaria a cadeia de Benfica pelo isolamento no confortável apartamento no Leblon. O seu Natal seria mais feliz.

Capítulo 7

# AS FARRAS EM PARIS

A agenda oficial da sexta-feira, 17 de julho de 2009, divulgada pelo governo, dizia que Sérgio Cabral dava "expediente interno" no Palácio Guanabara, mas na verdade ele estava em Mônaco, a mais de 11 horas de voo do Rio, num jantar no restaurante Le Louis XV, do chef francês Alain Ducasse.[1] Dividia a mesa com o empreiteiro Fernando Cavendish, o secretário de Saúde, Sérgio Côrtes, o assessor Luiz Carlos Bezerra e as quatro mulheres. A presença de Bezerra, filho de porteiro e amigo da década de 1980, lembrava o antigo costume de Serginho, quando garoto em Copacabana, de misturar nas festas gente do subúrbio e da Zona Sul carioca. Mas o assessor já não era um pobre coitado. Em breve, com salário de 40 mil reais, ajudaria Carlos Miranda na função de homem da mala.[2]

Adriana Ancelmo pediu que o marido conferisse o relógio. "Faltam dez minutos para a meia-noite", respondeu ele. "Para o meu aniversáriooooo, yes!", comemorou Riqueza, sorrindo. Para agradar à mulher do chefe, Bezerra soltou uma gargalhada com *delay*. Le Louis XV ostenta três estrelas no guia Michelin, a qualificação máxima, e lá os pratos mais baratos custam cerca de 800 reais, sem bebida incluída. O chef possui outros restaurantes na Europa, na Ásia e nos Estados Unidos. "Este aqui é o melhor Alain Ducasse do mundo", cravou Sérgio Cabral, enquanto fazia um brinde.

O governador e a comitiva passeavam na França já há alguns dias, embora a agenda informasse que Sérgio Cabral trabalhava no Rio de Janeiro, a portas fechadas no seu gabinete. Na quarta-feira, dia 15 de julho, eles assistiram ao show da banda irlandesa U2 em Nice, no sul da França. A temporada 360º Tour, que chegaria ao Brasil só em 2011, começara alguns dias antes em Barcelona com uma parafernália impressionante. Sobre o palco havia a "Garra", estrutura de 390 toneladas e 50 metros de altura com quatro pontas, e os telões circulares para dar ao público a visão de 360 graus.[3] Nas músicas mais românticas, Riqueza e Cabral dançaram abraçados como recém-casados.

À mesa do restaurante Le Louis XV, o casal desceu alguns degraus, do romantismo para a cafonice. Após cantar parabéns, Cabral emendou: "Com quem será que ela vai se casar? Vai depender, vai depender do Serjão. Ele aceitou, ele aceitou e tiveram dois filhos."[4] Alguém ajudou: "E foram felizes para sempre." Adriana beijou o marido e assoprou a velinha, que o garçom impassível trazia na bandeja. Riqueza ganhou de presente um anel de ouro branco com brilhante, agora reluzente em seu dedo.

O dinheiro para comprar a joia cara não saíra do bolso de seu amado, mas do cartão de crédito de Cavendish, amigo, mas sobretudo empreiteiro interessado em obras do governo. Sérgio Cabral dizia ter com ele uma "relação fraternal" desde 2003, quando ainda era senador. Os filhos mais velhos se tornaram amigos, as mulheres ficaram próximas[5] e os dois tinham casas de praia no mesmo condomínio em Mangaratiba, no litoral fluminense. Agora à mesa, decidiam a data do casamento de Cavendish com Jordana, sua namorada sentada ao lado. Ficou acertado que seria em 5 de dezembro, mas caía num sábado e podia atrapalhar o fim de semana em Mangaratiba. "Eu vou de helicóptero", resolveu o governador. "É vapt-vupt", comentou Bezerra. Cabral mandou os noivos se beijarem: "Abre essa boca aí, Jordana!"

Havia um clima de cumplicidade. Na véspera do jantar, Sérgio Cabral chamara o amigo para caminhar pela Place du Casino, cheia de lojas de grifes. Cavendish havia confidenciado que Jordana estava grávida de gêmeos. Recebeu os parabéns pela grande notícia, outro motivo para comemorar, além do aniversário de Riqueza. Em frente à joalheria Van Cleef & Arpels, o governador deteve o passo por um instante a tempo de puxar o empreiteiro para dentro. Talvez o companheiro quisesse um palpite na escolha de algo para Adriana, pensou Cavendish, mas o anel já estava reservado no caixa. Sérgio Cabral explicou: "Estou presenteando a minha esposa, gostaria que você pagasse."[6]

Cavendish narrou detalhes da história à Justiça Federal, em dezembro de 2017, quando ainda cumpria prisão domiciliar acusado de fraude em licitação. Em troca da liberdade, resolveu colaborar com a investigação. O glamour de Paris já não existia mais para ele. Disse que pagou no cartão de crédito a joia de 220 mil euros, equivalente a 800 mil reais: "Nunca tinha feito nada acima de dois dígitos nem pra mim. Não tenho esse costume." Até pode ser verdade, mas tinha limite suficiente no cartão para a transação. "Minha esposa nunca ficou sabendo, ou teria que dar dois anéis", gracejou. "Eu disse ao Cabral, de forma adequada: isso aqui não é presente, a gente vai ter que acertar, né?" Era "anel de compromisso" com o governador, a promessa de que a sua empreiteira receberia do governo do estado alguma obra de grande porte.

■■■

Logo que regressou de Mônaco, a primeira-dama reclamou na HStern que não encontrava nada à sua altura no catálogo. Funcionários da joalheria lembram que Adriana despontou como cliente exigente e entendida de joias nessa época. Os arquivos da loja ainda guardam um e-mail um tanto desaforado, de agosto de 2009, que ela mandou reclamando da qualidade das pedras preciosas. "S.i. [*small inclusions*] vocês deveriam nem ter", escreveu, referindo-se ao termo técnico sobre o grau de clareza dos diamantes.[7] Tinha que ser v.s.i. (*very small inclusions*), no mínimo.

Interessados na primeira-dama como cliente, os executivos da HStern a convidaram para visitar o laboratório gemológico da empresa, considerado o maior da América Latina, que analisa, classifica e atesta a qualidade das pedras preciosas.[8] Adriana apareceu acompanhada de algumas amigas e saiu de lá "encantadíssima", segundo os funcionários que atenderam as visitantes. Alguns dias depois, o tratamento vip levou Riqueza a comprar um brinco com diamante de cinco quilates por 1,2 milhão de reais. Em 2013, ela o trocaria por outro mais caro, de 1,82 milhão de reais.

■■■

Fernando Cavendish e todos os grandes empreiteiros do país farejaram a mina de ouro na construção de estádios para a Copa do Mundo de 2014. As partidas seriam disputadas em 12 estados brasileiros, o que significava 12 obras milionárias, entre elas a cobiçada reforma do Maracanã, no Rio de Janeiro, onde aconteceria o jogo da final. Muito experiente em negociatas, a Odebrecht já esperava pagar suborno ao governador. Então presidente da construtora, Benedicto Silva Júnior, mais conhecido por BJ, comandava o Setor de Operações Estruturadas da companhia, o "departamento de propina". Ali, no sistema de computador Drousys, BJ lançava os pagamentos ilegais a políticos, diretores de empresas públicas e a quem fosse preciso para ganhar licitações. Uma referência a Sérgio Cabral apareceu no sistema antes de ele assumir o governo.

Vizinho na casa de praia em Mangaratiba, BJ procurou ficar íntimo do futuro governador, a quem chamava de chefe. O político veterano achava a deferência coisa de "puxa-saco".[9] BJ podia ser mais criativo. No departamento de propina, cada político subornado tinha um codinome na frente do qual anotava-se o valor pago a ele. Entre tantos na lista, havia o Caranguejo, o Nervosinho e o Viagra. Antes mesmo de acabar a eleição de 2006, BJ escolheu o codinome Proximus para identificar Cabral. Não tinha dúvidas de que ele seria o próximo governador e inspirou-se na série *Roma*, cheia de personagens de nome em latim, com histórias de sexo e violência na briga pelo poder 50 anos antes de Cristo.[10] Pronto! Dado o apelido, só faltava acertar a propina.

A Odebrecht diz que torrou 10 milhões de reais no projeto de privatização do Maracanã, mas, no segundo semestre de 2009, o governador desistiu de entregá-lo à iniciativa privada e preferiu abrir licitação para a reforma. Seria uma espécie de cirurgia arquitetônica no estádio inaugurado em 1950, pois o patrimônio histórico impedia a sua completa demolição. Essa intervenção custaria caro ao bolso dos brasileiros. A obra estimada em 705 milhões de reais chegaria a 1,2 bilhão, com financiamento do BNDES, o banco nacional do desenvolvimento.

BJ ficou preocupado com a mudança de rumo. A construtora investira milhões no estudo da privatização, proposta agora descartada pelo governo. Sérgio Cabral tratou de tranquilizá-lo. "Ele me disse que de alguma forma a Odebrecht seria escolhida para tocar a obra", afirmou BJ, na delação premiada à Lava Jato, no final de 2017. Não seria presente de graça à construtora. Em troca do contrato bilionário, o governador cobrou 5% sobre o faturamento. Na lista do departamento de propina, agora já havia um número a ser colocado na frente do codinome Proximus.

A construtora queria se associar à Andrade Gutierrez, também gigante da construção civil, o que tornaria mais fácil a execução do projeto, mas aí entrou na história o "anel de compromisso" de Sérgio Cabral e Fernando Cavendish. Fundada em Pernambuco, na década de 1960, a Delta transferiu seus negócios para o Rio, cresceu no final dos anos 1990, na administração do ex-governador Anthony Garotinho, e abocanhou contratos do Departamento Nacional de Infraestrutura de Transportes (Dnit), para pavimentar estradas e consertar asfalto em cantos remotos do país.[11] Cavendish nunca se metera em algo do porte do Maracanã, mas o currículo pouco importava. Ele tinha a amizade do governador e, mais do que isso, possuía a força do anel. A construtora ganharia um pedaço da reforma do estádio.

"Fui informado pelo governador de que a Delta participaria", afirmou BJ na delação. "Ela nos foi empurrada goela abaixo", desabafou ele. "Eu já tinha 25 anos de mercado e disse a Sérgio Cabral que foi uma das maiores derrotas (da minha carreira) me empurrarem quem eu não precisava." O governador deu de ombros: ou aceitava, ou caía fora, simples assim. Toda essa negociação, relatada à Lava Jato pelo executivo, ocorreu muito antes da licitação, no segundo semestre de 2009. Quando o edital saísse, a concorrência seria de cartas marcadas. A Odebrecht engoliu as imposições.

A notícia correu o submundo do cartel das empreiteiras. Vazou até o percentual de cada empresa: a Odebrecht ficaria com 70% e a Delta, com 30%. Ainda presidente da Andrade Gutierrez, Nora de Sá se encontrou com o governador no Palácio Laranjeiras. Ele disse que estranhava tudo aquilo, primeiro a escolha e depois a enorme fatia para a Delta, grupo bem menor do que a Andrade Gutierrez. A construtora de Fernando Cavendish nem tinha capacidade técnica para o serviço, reclamou o executivo, sem saber da força do anel. Nora de Sá recorda-se que Sérgio Cabral ficou inflexível. Respondeu que "acreditava na Delta" e não aceitaria alteração no percentual de Cavendish, mas consentiu que a Andrade Gutierrez procurasse a Odebrecht e que as duas se entendessem na divisão dos 70%. Antes de encerrar a reunião, o governador e Wilson Carlos disseram que, se a empreiteira entrasse na partilha, deveria pagar 5% de propina sobre os valores faturados. Ah, e era bom retomar o pagamento da mesada de 350 mil reais, interrompida em maio de 2008.[12]

A Andrade Gutierrez fechou um acordo com BJ. Ficou com 21% da obra, enquanto a Odebrecht reduziu a sua participação a 49%. Em contrapartida, Nora de Sá aceitaria dividir com a Odebrecht a reforma do estádio Mineirão, caso ganhasse a concorrência que se avizinhava. Acertada a fatia de cada uma, as duas empreiteiras e a Delta criaram o consórcio Maracanã-Rio 2014. O próximo passo da trama era maquiar a licitação.

▪▪▪

Numa tarde abafada, do início de dezembro de 2017, o executivo da Odebrecht Marcos Vidigal do Amaral relatou à Justiça Federal como as empreiteiras e o governo violavam uma concorrência pública.[13] O edital recebia cláusulas cheias de restrições técnicas para direcionar a licitação a determinada companhia, escolhida nos bastidores: "Por exemplo (no caso do Maracanã), exigiram que (cada participante) tivesse construído estádio com capacidade acima de 30 mil torcedores." Além da Odebrecht, só outra empreiteira brasileira poderia atender essa exigência, a baiana OAS, pois as duas construíram o estádio Engenhão para o Pan-Americano de 2007.

A Carioca Engenharia e a Queiroz Galvão entraram na disputa pelo Maracanã, mas a barreira do edital as desclassificou, então a participação delas não servia para simular concorrência. Faltava o esquema de "cobertura". Nesse sistema, a empresa se classifica, mas apresenta de propósito o preço mais alto, já combinado para perder. Quando houvesse outra obra pública em disputa, a vencedora de agora faria o mesmo para retribuir o favor. Nas palavras de Ricardo Pernambuco, dono da Carioca Engenharia, havia um "pacto de não agressão" entre as maiores empreiteiras do Brasil.

Amaral conta que procurou um gerente comercial da OAS, a única que o edital não desclassificaria. "Você poderia fazer uma proposta", sugeriu o executivo da Odebrecht. O outro concordou e, sem maiores detalhes, Amaral disse ao colega que a OAS deveria apresentar o valor de 712 milhões de reais para fazer a obra. Habilitada na comissão de licitação, a empreiteira baiana cumpriu o combinado. O envelope da Odebrecht, associada à Delta e à Andrade Gutierrez, trazia valor um pouco menor: 705 milhões de reais.

O executivo se lembrava de outra fraude, a da instalação do teleférico no complexo de favelas do Alemão, onde vivem na pobreza 69 mil pessoas. Na sua delação, Amaral contou que a Odebrecht recebeu informação privilegiada para ganhar a concorrência. Ainda em 2007, numa visita a Medellín, Cabral se encantou com a linha de teleféricos nas favelas colombianas. Achou que levar moradores de um morro a outro e até o asfalto se encaixaria bem na geografia do Alemão. Só o grupo francês Poma detinha tecnologia para instalar o modal no relevo da favela. Como sabia em primeira mão dos planos do governador, a Odebrecht correu para se associar aos franceses, atender às exigências do edital e vencer a licitação.[14] Fazia décadas que o estado abandonara o Complexo do Alemão, dominado por narcotraficantes armados de fuzis, granadas e metralhadoras.

▪▪▪

Fundado em 1903, o Travellers Club de Paris é um daqueles lugares no mundo onde não basta dinheiro para entrar. Os seus 750 membros, geralmente empresários e banqueiros, foram selecionados a dedo para fazer parte da sociedade fechada de cavalheiros, inspirada no estilo inglês. Os sócios convivem no hotel particular de La Païva, localizado no número 25 da festejada avenida Champs-Élysées. Uma das mais belas da capital francesa, a mansão foi construída por volta de 1860 pelo conde Guido von Donnersmarck, primo do chanceler alemão Otto von Bismarck, para agradar a sua amada Esther Lachmann, famosa prostituta que despertava paixões em homens afortunados. De origem polonesa, Esther nasceu num gueto em Moscou, casou-se novinha com um alfaiate francês e engravidou, mas fugiu sozinha da miséria até chegar a Paris. Antes do conde, ela explorou enquanto pôde um pianista famoso e se casou com um marquês de Portugal, interessada mais no título de nobreza, que a tornou marquesa de La Païva. Assim, a mansão do Travellers Club guarda uma história pitoresca do segundo império francês, e também os segredos da atual sociedade de cavalheiros, fechada a penetras de ocasião.

Até que, na noite de 14 de setembro de 2009, as portas se abriram para a turma de Sérgio Cabral. A deferência especial partiu do barão francês Gérard de Waldner, presidente do clube, casado com a brasileira Silvia Amélia, mulher inesquecível no Rio de Janeiro da década de 1970. Acompanhado de sua comitiva, o governador viajou a Paris para receber uma condecoração do governo francês, lançar o guia turístico Michelin na Embaixada brasileira e defender a candidatura do Rio à sede da Olimpíada de 2016. Cabral embolsou a generosa diária de 7 mil reais. A falta de transparência na sua agenda oficial dificulta saber se precisava de tanto. O Travellers Club recebeu cerca de 70 convidados. Lá pelas tantas, encorajados pela bebida, o empreiteiro Fernando Cavendish, o secretário de Governo, Wilson Carlos, e o de Saúde, Sérgio Côrtes, que dividiam a mesa mais animada, começaram a atirar guardanapos pelo ar. Um caiu na mesa do governador, sentado ao lado de empresários brasileiros e franceses. Nisso, alguns cantores entraram no salão num ritmo dançante e com a música cada vez mais alta. Os dois secretários e Cavendish não se contiveram, puxaram aquele "trenzinho" dos finais de festas, cena de encabular a cortesã Esther Lachmann, se ela estivesse viva.

Sérgio Côrtes conheceu Cabral na formação do governo em 2006. O governador eleito ofereceu a Secretaria de Saúde ao então diretor do Instituto Nacional de Traumatologia e Ortopedia (Into). Especialista em cirurgia de quadris, Côrtes ganhou fama de combater fraudes no instituto, órgão do Ministério da Saúde, e até de sofrer ameaças de morte por enfrentar o esquema de corrupção. Mas era pura enganação. Côrtes recebia dinheiro de Miguel Iskin, grande fornecedor de equipamentos médicos e próteses. Iskin custeava as suas viagens na classe executiva e hospedagens em hotéis de luxo. Quando virou secretário, passou a receber no mínimo 150 mil por ano, como ele mesmo confessaria à Lava Jato.[15]

A Procuradoria da República diz que Côrtes cobrava 10% de propina nos contratos da Secretaria de Saúde, o dobro do praticado pelo esquema do governador com as empreiteiras. Segundo a Lava Jato, mesmo médico, ele não tinha escrúpulos de embolsar dinheiro que poderia salvar vidas nos hospitais. Cortês dividia o percentual da seguinte maneira: 2% para ele; 1% para Cesar Romero, o seu braço direito; 5% para o governador; 1% para o Tribunal de Contas do Estado, que deveria fiscalizar os gastos públicos; e 1% para custear a operação de toda a falcatrua. Entre 2007 e 2014, os pagamentos renderam 16,2 milhões à organização criminosa. Difícil saber quantos morreram nas longas filas do atendimento médico.

Após o trenzinho, ainda no final da festa, Côrtes resolveu colocar um guardanapo na cabeça para esconder a careca reluzente, enquanto dançava cheio de gestos esquisitos. Cavendish e Carlos Wilson também aderiram às bandanas, sem ligar para as câmeras de outros convidados ou respeitar a sobriedade da mansão de La Païva. As fotos dormiam nos arquivos dos convivas, que registraram a farra, até o ex-governador Anthony Garotinho publicá-las em seu blog na internet, em abril de 2012. Ele não revela como obteve o precioso material. Diz que o recebeu de um amigo de Jordana, então mulher de Cavendish. Adversário inclemente do governador, Garotinho não teve dúvidas em chamar os assessores de Cabral de a "gangue dos guardanapos".

Capítulo 8

# OURO SONEGADO

Desatento ao fuso horário, o senegalês Papa Diack telefonava fora de hora para Maria Celeste, assistente do Comitê Olímpico Brasileiro (COB).[1] É provável que ele estivesse na França porque já era tarde da noite no Rio. As conversas começaram afáveis. Papa Diack dizia, em francês, que precisava falar com o presidente do COB, mas Carlos Nuzman não o atendia. Maria Celeste dava o recado a Nuzman, que, segundo ela, respondia sempre não "ter nada a ver" com o senegalês, filho de Lamine Diack, então presidente da poderosa Federação Internacional de Atletismo. Os telefonemas ocorriam em dezembro de 2009. Fazia dois meses que o Rio de Janeiro ganhara a eleição do Comitê Olímpico Internacional (COI) para sediar os Jogos de 2016. Com grande influência entre os dirigentes africanos, Lamine Diack foi um dos eleitores do comitê.

O Rio disputava com Madri, Tóquio e Chicago. Durante a votação, na sexta-feira, 2 de outubro, em Copenhague, o presidente Lula apresentara um argumento forte a favor do Brasil: "Entre os países que disputam hoje a indicação, somos os únicos que nunca tivemos essa honra. Para os outros, será apenas mais uma Olimpíada. Para nós, será uma oportunidade sem igual. Aumentará a autoestima dos brasileiros."[2] Após duas rodadas de votação, restaram apenas Rio e Madri no páreo. No intervalo, as delegações se esbarravam no saguão do hotel. Lula contou à Justiça que Sérgio Cabral com "cara de quem ia explodir" de ansiedade precisou ser examinado pelo médico da Presidência.[3] Quando anunciaram o vencedor, Cabral, já recomposto, deu pulos ao lado de Lula e o abraçou. Estrelas da comitiva, Pelé e o escritor Paulo Coelho se juntaram à comemoração. Na praia de Copacabana, a turma que assistia à cerimônia pelo telão gritava de euforia numa chuva de papel picado.

Maria Celeste também se emocionou, pois trabalhara duro na campanha do Rio. Poliglota e experiente, ela atendia quem precisasse de informação sobre a cidade ou quisesse falar com algum membro do comitê brasileiro. Participou de inúmeras viagens da delegação à caça de votos do COI. Recorda-se que Carlos Nuzman se reuniu com Papa Diack em agosto de 2009, no mundial de atletismo em Berlim, mas ela não acompanhou a conversa. Maria Celeste esteve em missão também na África, onde se impressionou com a miséria das crianças, sem tênis para correr em quadras esburacadas. O motorista da comitiva andava de chinelos e, com pena, ela lhe comprou um par de sapatos. Então, quando Papa Diack telefonou, imaginou que o senegalês queria dinheiro de Nuzman para o desporto africano. Só estranhava o homem ter falado em depósito na conta de um banco na Rússia.[4]

Antes amistosas, as ligações ficaram ásperas. Maria Celeste lembra que o senegalês insistia: "Não recebi o dinheiro, não recebi o pagamento. Quero falar com o doutor Nuzman." Papa Diack pediu a ela que anotasse o número da conta bancária, mas dessa vez o sujeito inconveniente, de novo em hora imprópria, irritou de verdade a assistente do COB. Que ele mandasse um e-mail, porque ela nem tinha como tomar nota. A mensagem não tardou: "Por favor, efetue todas as transferências para o SGBS Dakar. Não use mais Moscou, e envie as cópias do swift para o meu gerente bancário (...) rastrear as transferências." A parte final insinuava um acordo descumprido: "Até hoje, 17 de dezembro de 2009, nenhum pagamento foi recebido em Dakar. Nós estamos bastante envergonhados com o presidente, porque nossos amigos não acreditam mais em nós."[5] Três semanas depois, em novo e-mail, Papa Diack desejou feliz Ano-Novo e disse aguardar o acerto de 340 mil dólares.[6] Maria Celeste procurou Carlos Nuzman e, irritada, alteou a voz para o chefe: "Eu [nada] tenho a ver com essa história. Esse homem está me ligando e me passou um e-mail desses. O senhor arranja alguém para resolver, não quero mais falar com ele."[7]

▪▪▪

Arthur César de Menezes virou o Rei Arthur na era de Sérgio Cabral. O empresário detinha contratos públicos para oferecer mão de obra terceirizada, desde a gestão de Marcello Alencar, em 1998. Mas deu um salto gigantesco após Cabral assumir a cadeira no Palácio Guanabara. Segundo a Receita Federal, o seu patrimônio subiu de 16,8 milhões, em 2006, para espantosos 156 milhões, em 2007, primeiro ano do novo governo.[8]

A esfera do poder no Rio de Janeiro lhe era familiar. O pai havia sido secretário estadual de Obras na gestão de Chagas Freitas, na década de 1980, e também dirigente da Fetranspor, a federação das empresas de ônibus, setor acusado de pagar propina a políticos em troca de favores. O Rei Arthur adotou a discrição absoluta. Aparecia pouco em público e vivia numa mansão em Miami. Antes de tomar posse, Sérgio Cabral o apresentou ao secretário de Saúde. "É meu maior doador de campanha. Quero que você cuide dele", disse o governador.[9] Não precisava muito esforço, o próprio empresário cuidava dos editais de licitação do governo para contratações no setor de serviços, revelaria Côrtes em depoimento à Lava Jato.

Carlos Miranda ia com frequência à sede das empresas do Rei Arthur recolher dinheiro de propina. Fez isso até 2011, quando o empresário preferiu continuar o pagamento fora do Brasil. O doleiro Renato Chebar ajeitou a operação. A Matlock Capital Group, empresa de Arthur, abriu conta no Evg Bank, em Antígua e Barbuda, no Caribe. Entre março de 2012 e novembro de 2013, a Matlock transferiu 10,4 milhões de dólares para contas de Sérgio Cabral operadas por Chebar no mesmo banco.

Era apenas mais um dos esquemas de corrupção no governo, até que apareceu a transação suspeita de ser compra de votos do Comitê Olímpico Internacional, a favor da candidatura do Rio a sede dos Jogos de 2016. A Matlock Capital fez pagamentos a Papa Diack poucos dias antes da eleição.

Braço direito de Carlos Nuzman no comitê brasileiro, Leonardo Gryner se encontrou com o Rei Arthur "no final de agosto ou início de setembro de 2009" num hotel em Paris.[10] Sérgio Cabral intermediou a conversa, oficialmente sobre patrocínio do empresário a eventos de atletismo no Brasil. Pouco tempo depois, no dia 23 de setembro, a Matlock Capital transferiu 2 milhões de dólares para Papa

Diack no banco Société Générale, em Fontenay-sous-Bois, na França. A transação direta dava muito na cara, bom negócio não deveria ser. Fiscalizado pelas autoridades francesas, o banco não efetivou a operação e mandou o dinheiro de volta. "No economic reason for a particular account with us", avisou.[11] No dia seguinte à devolução, a empresa do Rei Arthur encontrou outro caminho para o pagamento. Depositou 500 mil dólares na conta de Papa Diack em Moscou (eis o motivo de ele falar da Rússia com Maria Celeste). Outro valor, de 1,5 milhão de dólares, caiu na conta da Pamodzi Consulting, a empresa de Papa Diack no Senegal.[12]

Além de filho de Lamine, presidente da Federação Internacional de Atletismo, Papa Diack trabalhava como executivo de marketing para a entidade. A Lava Jato diz que o Rei Arthur, a pedido de Sérgio Cabral e Carlos Nuzman, subornou o influente senegalês em troca de votos para o Rio. O dinheiro seria repartido com outros dirigentes que também avalizaram a candidatura, mas, a julgar pelos telefonemas a Maria Celeste, o restante da propina não foi repassado como combinado. No começo de 2016, um ex-membro do Comitê Olímpico Brasileiro procurou o Ministério Público francês para denunciar suspeita de fraude na escolha do Rio. Eric Maleson não tinha provas, mas queria relatar comentários dos bastidores que frequentou por 10 anos.

■■■

Na manhã de sexta-feira, 3 de março de 2017, Sérgio Cabral e os demais presos da Lava Jato saíram da cela de oito lugares onde dormiam no Complexo de Bangu e entraram num pequeno corredor até a quadra de futebol para o banho de sol. O rádio ligado repercutia a notícia publicada no jornal francês *Le Monde*. Parecia que a acusação de Eric

Maleson tinha algum sentido e, até aquele momento, os jornalistas relatavam que as autoridades francesas rastrearam o depósito de 1,5 milhão de dólares a Papa Diack. Sem os colegas e Cabral saberem, Carlos Miranda já negociava uma delação premiada.

Em depoimento à Procuradoria da República e depois à Justiça Federal, Carlos Miranda afirmou que ele e o ex-governador, durante o banho de sol, comentaram a notícia do *Le Monde* que ouviram no rádio: "O Sérgio me disse que o Arthur fez mesmo pagamento num banco na França para compra de quatro votos do atletismo na escolha da sede." Segundo ele, Cabral falou em 2,5 milhões de dólares, 500 mil a mais que os 2 milhões depositados pela Matlock Capital. Talvez a diferença fosse o que Papa Diack cobrava nos telefonemas a Maria Celeste. Miranda falou em banco francês. A transação ocorreu em Moscou e no Senegal, mas, de fato, a primeira tentativa foi com o Société Générale, em Fontenay-sous-Bois, que rejeitou a operação.

...

Carlos Nuzman descende de uma família da Bielorrússia, mas está mais para lorde inglês, sempre elegante em ternos bem cortados e gestos calculados. Carioca criado no Leblon, alto e louro de olhos azuis, jogou vôlei profissional até chegar ao auge, aos 22 anos, na Olimpíada de 1964 em Tóquio. Formou-se advogado, mas tinha vocação para dirigente esportivo. Presidente da Confederação Brasileira de Voleibol, conquistou a medalha de prata nos jogos de Los Angeles, em 1984, e o ouro na Olimpíada de Barcelona, em 1992. Durante a sua gestão, o vôlei ficou mais popular no Brasil, virou um esporte nacional junto com o futebol. Nuzman assumiu em seguida a presidência do Comitê Olímpico Brasileiro. Tentou três vezes trazer os Jogos para cá, até que conseguiu em 2009.

Tudo parecia ameaçar a Olimpíada no Rio, dos traficantes de drogas armados de fuzis ao vírus da zika, transmitido pelo quase onipresente *Aedes aegypti*. A violência chegou a assustar. Um policial da Força Nacional morreu atingido por um tiro na cabeça ao entrar por engano de caminhonete oficial na Vila do João, uma das favelas do Complexo da Maré, dominado por criminosos na Zona Norte da cidade. Apesar da tragédia, os atletas, as autoridades estrangeiras e o público nada sofreram ao longo dos Jogos. Nenhuma picada de mosquito adoeceu os visitantes. A cidade passou no teste, mesmo com tentativas de difamação, uma delas notória. Na entrevista a uma emissora de TV, o nadador e medalhista norte-americano Ryan Lochte disse que foi assaltado por homens com distintivos da polícia, mas era tudo mentira. Na verdade, ele e outros três nadadores promoveram quebra-quebra num posto de gasolina, após uma festa na Zona Sul carioca. Acabaram enrolados na Justiça brasileira.

Se os Jogos deixaram dívidas para o comitê organizador, Nuzman saiu mais rico. Em julho de 2014, ele comprou 16 barras de ouro, de um quilo cada, por quase 1,5 milhão de reais.[13] Ocultou o tesouro num cofre na cidade de Genebra, na Suíça. No início de setembro de 2017, na investigação de compra de votos no comitê olímpico, a Polícia Federal encontrou e apreendeu a chave do cofre na casa de Nuzman. Ele então fez retificação no imposto de renda para declarar as 16 barras, mas, sem explicar, segundo a Lava Jato, de onde viera o dinheiro para o ouro. Acusado de corrupção, Carlos Nuzman foi preso no mês seguinte, em outubro, mas conseguiu um habeas corpus após temporada de 15 dias na cadeia de Benfica, onde reencontrou Sérgio Cabral. Ele sempre negou compra de votos e qualquer crime. Ao deixar o presídio, vestia uma camisa polo branca. Pela primeira vez, diante das câmeras, não parecia um lorde.

Capítulo 9

# NOS BRAÇOS DO POVO

O homem de rosto enrugado e braços fortes, apesar de magro, deu uma gravata em Sérgio Cabral na caminhada corpo a corpo pela Baixada Fluminense. Faltavam dois dias para o segundo turno das eleições a governador, no domingo, 29 de outubro de 2006. Enquanto o candidato falava ao microfone, no meio da multidão, o eleitor empolgado chegou por trás para abraçá-lo e, sem querer, quase o sufocou. Já assustado com tanta gente que espalmava as mãos no seu rosto, o agarrava e beijava, sem que os seguranças conseguissem apartar, Cabral soltou um grito de desespero: "Calma, assim não dá!"[1] Um dos piores momentos foi quando ficou espremido na praça da

Igreja Matriz, em São João de Meriti, cidade com a maior densidade populacional do Brasil (13 mil habitantes por quilômetro quadrado), o que lhe valeu o apelido de "formigueiro das Américas". Com a camisa desabotoada quase até o peito, ele escapou para a roda de guarda-costas que formou um cordão humano para protegê-lo.

Cabral nem precisava de tanto esforço na reta final da disputa. A pesquisa do Ibope lhe dava 67% dos votos válidos contra 33% para a deputada federal e juíza aposentada, Denise Frossard, do PPS. Além dessa vantagem, a briga eleitoral transcorria sem denúncias de corrupção que pudessem atingi-lo. Verdade que, durante o último debate na TV, Frossard mencionara a casa de praia do adversário em Mangaratiba,[2] mas não passara de indireta. O enriquecimento ilícito nunca esteve no centro da campanha.

Desde maio, o país assistia ao escândalo da Máfia dos Sanguessugas, uma organização criminosa que, segundo a Procuradoria da República, envolvia mais de 100 deputados federais e senadores no desvio de verbas para compra de ambulâncias. Os parlamentares apresentavam emendas ao orçamento do Ministério da Saúde a fim de repassar dinheiro às prefeituras. Num esquema de cartas marcadas, em licitações fraudadas pelos municípios, as empresas da família Vedoin, sediadas em Cuiabá, no Mato Grosso, saíam vencedoras para fornecer ambulâncias superfaturadas. Os envolvidos dividiam o lucro depois.

Quando nada mais parecia surpreender, surgiu o caso do dossiê falsificado contra tucanos por um bando de petistas "aloprados", assim chamados pelo então presidente Lula. Havia relação direta com a Máfia dos Sanguessugas. Em 15 de setembro, a Polícia Federal prendeu dois militantes do PT num hotel em São Paulo com 1,7 milhão de reais em espécie. Logo os investigadores descobriram que a quantia compraria documentos da família Vedoin que incriminassem tucanos no esquema das ambulâncias, em especial o candidato a governador de São Paulo, José Serra. Custou caro aos próprios petistas. Emissoras de TV exibiram fotos da pilha de dinheiro apreendido, pegou mal entre os eleitores e Lula deixou de vencer no primeiro turno, como previsto.

Sem enfrentar suspeitas de corrupção, Sérgio Cabral tinha como maior obstáculo não seus adversários, mas o aliado Anthony Garotinho, presidente do PMDB do Rio de Janeiro e marido da governadora Rosinha Matheus. A gestão dela ia aos trancos e barrancos, enquanto Garotinho fazia algumas travessuras. Entre abril de 2003 e setembro de 2004, comandara a Secretaria de Segurança Pública do estado sem bons resultados no combate à violência. Pré-candidato a presidente da República, entrara em greve de fome no final de abril de 2006, quando o partido decidiu não lançar nome próprio ao Palácio do Planalto. Sua candidatura já vinha abalada pelas suspeitas de doações ilegais, feitas por empresas de fachada.

Num terno impecável, o elegante Sérgio Cabral encontrou Garotinho abatido, de calça jeans e camisa polo, largado no sofá da sede do PMDB. Numa espécie de Big Brother, a imprensa acompanhava os lances da greve de fome pela porta de vidro, mas não podia entrar nem fazer entrevistas. Logo no segundo dia, Rosinha visitou o marido acompanhada de seis dos nove filhos e houve muita choradeira entre as crianças. Até ali, o político baixinho, de quase 90 quilos, perdera pouco peso, mas convencia pelo drama. Após encontrar Cabral, ele decidiu que continuaria de estômago vazio por mais algum tempo. O candidato a governador evitou fazer críticas, pois dependia da força eleitoral do aliado no interior do estado e na Baixada Fluminense. Suportaria as extravagâncias em troca de votos. A greve durou 11 dias.

Garotinho vivia mordiscado pelo noticiário sobre o Propinoduto, o esquema de fiscais tributários que enviou à Suíça 33 milhões de dólares, dinheiro de propina paga por empresas para que fizessem vista grossa à sonegação de impostos. As remessas ocorreram no governo de Garotinho, em 1999 e 2000, e o suspeito de chefiar a quadrilha, Rodrigo Silveirinha, ocupou cargo na administração de Rosinha até o escândalo estourar. A história já respingava na campanha de Sérgio Cabral, pois a candidata Denise Frossard procurava envolvê-lo no caso, mesmo que lateralmente. Ela lembrava sempre que Cabral empregou a mulher de Silveirinha, quando era presidente da Assembleia. Frossard não podia imaginar que, na verdade, o seu adversário tinha doleiro particular e, quando o Propinoduto viera à tona, no início de 2003, ele se apressou em tirar o nome da conta bancária em Nova York.

Graças às eleições presidenciais, Sérgio Cabral conseguiu se distanciar um pouco de Garotinho. Mal terminou a apuração do primeiro turno, Lula telefonou para o candidato a governador pedindo palanque no Rio e oferecendo apoio. Preferido de Lula na fase inicial, o senador e pastor da Igreja Universal, Marcelo Crivella, ficara pelo caminho, em terceiro lugar. Crivella topou a aliança desde que Cabral, também senador, retirasse a proposta de emenda constitucional para permitir a união de pessoas do mesmo sexo. O outro não pensou duas vezes em rifar o projeto. Enquanto isso, Garotinho e Rosinha ficaram ao lado do tucano Geraldo Alckmin, que disputava a Presidência da República com o petista. Isso passou a ser problema para Denise Frossard, que era aliada de Alckmin, mas sempre atacara Garotinho.

Eleito governador do Rio de Janeiro com 68% dos votos válidos, Sérgio Cabral fez de longe a campanha mais cara. Oficialmente, gastou quase 10 milhões de reais[3] contra 2,3 milhões de reais de Denise Frossard.[4] O suplente do senador e tesoureiro de campanha, seu braço direito Régis Fichtner, disse que, "por natureza ética",[5] evitaria arrecadar fundos com grandes empresas contratadas pelo governo. Curiosamente, a construtora OAS, que contribuiu com 800 mil reais, e a Carioca Engenharia, com 700 mil reais, tornaram-se as maiores doadoras.[6] Assim que acabou a eleição, os donos da Carioca bateram à porta do governador eleito atrás de obras e, algum tempo depois, passaram a pagar propina de 200 mil reais por mês em troca de contratos.

▪▪▪

O governador e o presidente da República tiveram agenda cheia na terça-feira, 22 de dezembro de 2009. Entregaram 192 apartamentos no Complexo do Alemão e seguiram para Manguinhos, outro conjunto de favelas da Zona Norte, onde "vistoriaram obras", um ato mais político do que prático, e inauguraram um centro cultural para jovens. Lula vinha acompanhado de Dilma Rousseff, candidata petista à Presidência da República no ano seguinte. Qualquer coisa valia para fazer propaganda da desconhecida ministra, chamada por isso de "poste".

O morador Leandro dos Santos de Paula, de 18 anos, conseguiu furar o bloqueio dos seguranças e chegar próximo ao presidente. Estava filmando tudo. Na conversa, Leandro reclamou que faltava quadra de tênis na favela de Manguinhos. Em tom de chacota, mas sem agressividade, Lula disse que era "esporte da burguesia" e perguntou: "Por que você não faz natação?" O garoto explicou que a piscina vivia fechada ao público. Lula deu uma bronca em assessores do governo: "O dia que a imprensa vir isso fechado, o prejuízo político será maior, infinitamente maior, do que colocar dois guardas para tomar conta." Leandro, então, mudou de assunto. Começou a falar do Caveirão, o blindado da Polícia Militar que amanhecia à porta das casas quase todos os dias. Sérgio Cabral, que caminhava logo atrás, se irritou. "E o tráfico? Não tem, não?", perguntou. "Na minha rua, não", ouviu de volta. "Não tem nego de metralhadora? Deixa de ser otário, fazendo discurso de otário", disse o governador, bastante nervoso. "Tu não me engana, não. Bota essa inteligência para estudar, ô sacana."

Pelos cálculos parciais, feitos por delatores da Lava Jato, o esquema de corrupção de Sérgio Cabral recebeu 94 milhões de reais em propina da Odebrecht, 30 milhões da Carioca Engenharia e ao menos 7,7 milhões do mensalão da Andrade Gutierrez, à frente das obras fraudadas em Manguinhos. Morador da favela, Leandro era vítima da extrema pobreza, da violência e do descaso do poder público na comunidade. Ainda assim, para o governador, sacana era o menino.

▪▪▪

"Nunca pedi a nenhum empresário um percentual sequer. Eu garanto isso em nome do meu neto, que eu conheci esta semana." O réu jurava inocência ao juiz Marcelo Bretas, durante mais um interrogatório, em junho de 2018. Três dias antes, numa tarde de frio ameno, Sérgio Cabral, preso havia um ano e meio, pegara no colo o seu primeiro neto, de dois meses de vida. Bretas também tinha autorizado Adriana Ancelmo, que cumpria pena em regime de prisão domiciliar, a comparecer ao encontro numa sala da Justiça Federal. Ela não via o marido fazia seis meses. Pai do bebê, o deputado Marco Antônio publicou na internet a foto do ex-governador sorridente com a criança nos abraços e escreveu: "Meu pai cometeu erros, mas foi o homem público que mais realizou por todo o estado do Rio."[7]

Sérgio Cabral procurou demonstrar arrependimento diante do juiz, como se o neto lhe tivesse inspirado profunda reflexão. Ainda firme na versão de que tudo não passara de caixa dois de campanha, ele não admitiu a arrecadação de propina das empreiteiras, mas pela primeira vez confessou a movimentação de quantias milionárias. Disse que o esquema coletara ao menos 500 milhões de reais no período de 2007 a 2015. Pelas suas contas, 480 milhões financiaram diversas candidaturas, inclusive a sua, e os 20 milhões restantes bancaram suas despesas pessoais de bon-vivant. Não mencionara isso nas outras vezes que estivera frente a frente com Bretas. "Foi nessa promiscuidade que eu me perdi", resumiu.

A versão de caixa dois não soava convincente porque o doleiro Renato Chebar havia entregado à Justiça 100 milhões de dólares, que, segundo ele, o esquema de corrupção mantinha em contas bancárias espalhadas pelo exterior. Chebar fizera o acordo com a Procuradoria da República logo após a prisão do ex-governador. No entendimento de Bretas, era difícil acreditar que o doleiro tivesse repatriado tanto dinheiro apenas para incriminar o antigo chefe. Não haveria motivos para isso. Era a pilha de dólares contra a palavra do réu.

Pela primeira vez, Sérgio Cabral fez uma pequena delação contra empresários de ônibus. "Quero incluir a Fetranspor (Federação das Empresas de Transporte) entre esses que colaboraram com 500 milhões", afirmou. "Eu estou falando de 1997, 1996",[8] acrescentou. Naquele período, Cabral presidia a Assembleia Legislativa do Estado do Rio de Janeiro, que analisava projetos de interesse do setor, e havia suspeita de caixinhas generosas para deputados em troca de votos.

Talvez por ter reencontrado Adriana Ancelmo, o marido lamentou a compra de joias para "ostentação", o que fez a esposa "parecer criminosa". Ainda assim, negou ter adquirido os anéis e brincos para ocultar propina das empreiteiras. "Ninguém lava dinheiro com joia. No dia seguinte à compra, já vale menos." Marcelo Bretas o interrompeu: "Deixa eu fazer uma propaganda aqui. Se for bijuteria de qualidade, perde menos." Todos na sala caíram na gargalhada. O clima de descontração entre juiz e réu surpreendia, principalmente por causa da alusão ao comércio de bijuteria da família de Bretas. Meses antes, a relação entre os dois beirara o confronto exatamente porque Cabral falara dos negócios da família do magistrado.

Era uma tarde chuvosa, em 23 de outubro de 2017, e o ex-governador ouvia, carrancudo, o resumo da denúncia feita pela Procuradoria da República.

– O senhor acabou de ser o porta voz da acusação – disse Cabral, quando Bretas terminou de falar. – Vossa Excelência não acredita em mim.

Três dias antes, o rigoroso juiz havia condenado Cabral mais uma vez, e a soma das penas chegava naquele momento a 72 anos de cadeia. Ele estava preso havia pouco menos de um ano.

– Não se lava dinheiro comprando joia. Vossa Excelência tem relativo conhecimento sobre o assunto porque a sua família mexe com bijuteria. Se eu não me engano, é a maior empresa do estado.

– Eu discordo. Não quero que o senhor conte o histórico de minha família – cortou o magistrado.

– Sabe que, quando compradas, já saem sem o valor da vitrine – insistiu o ex-governador.

– Eu não sei nada, seu Sérgio. Eu quero que o senhor me diga: o senhor comprou essas joias todas?

O réu fez que sim, mas continuou defendendo que o caixa dois de campanha bancara a despesa, sem notas fiscais e em dinheiro vivo, para obter um desconto de 30% na joalheria.

– Não foi pago com propina. Meu governo não era organização criminosa.

Não demonstrava qualquer arrependimento. O clima ficaria ainda mais tenso.

– Esse teatro das joias... – começou o ex-governador.

– Não! Isso aqui não é teatro – interrompeu Bretas, numa advertência, com dedo em riste.

– É minha defesa. Um teatro construído pelo Ministério Público, roteiro malfeito.

Vestido de camisa branca, pontuando as falas com leves batidas de mão na mesa, Sérgio Cabral parecia irritado de verdade.

– O senhor tem uma atitude desdenhosa – reclamou, ao perceber que o juiz não se convencia. – Queira o senhor ou não, eu fui o líder deste estado.

– Como queira? Não estou entendendo – rebateu o juiz.

– Os empresários faziam fila para me ajudar financeiramente – explicou o réu, em outra referência a caixa dois. – Eu estou sendo injustiçado... o senhor, o senhor, o senhor está encontrando em mim uma possibilidade – disse Cabral e fez uma pausa, enquanto Bretas o encarava à espera do que vinha. – Possibilidade de gerar projeção pessoal e me fazendo um calvário, claramente.

Advertido pelo juiz sobre o comportamento do cliente, o advogado sentiu que a coisa não acabaria bem e pediu um intervalo de alguns minutos.

– Não há necessidade, não há necessidade – repetia o ex-governador.

Bretas atendeu o advogado, mas, antes de interromper a audiência, avisou:

– Não recebi com bons olhos o interesse do acusado de informar que minha família trabalha com bijuteria. Esse é o tipo de coisa que pode, subliminarmente, ser entendido como ameaça.

– Ameaça? – questionou Cabral. – Estou preso, eu estou preso, Excelência. Ameaça?

– Vamos suspender a sessão – finalizou Bretas.[9]

Por conta da discussão, o juiz determinou a transferência do ex-governador para um presídio federal distante do Rio de Janeiro. E isso só não aconteceu porque o ministro Gilmar Mendes, do Supremo Tribunal Federal, suspendeu a punição.

Agora, sete meses após o episódio, havia cordialidade na sala de audiência. O homem no banco dos réus sentia-se avô.

Capítulo 10

# A QUEDA

Sérgio Cabral se reelegeu fácil ao governo do Rio em 2010 com, literalmente, apenas um tropeço. Numa tarde de agosto, seis dias após a licitação fraudulenta para a reforma do Maracanã, ele descia do carro no Palácio Guanabara quando começou a berrar de dor. Os seus assessores mais próximos levaram um susto. Ao apoiar a perna direita no chão, o chefe rompeu o menisco do joelho.

Um exame meses antes já indicava desgaste na cartilagem, só que agora a articulação travara de vez. "É uma dor que não desejo a ninguém", comentou, após passar por uma cirurgia.[1] O candidato andaria de muletas por algumas semanas. Por sorte, nem precisou correr muito atrás de eleitores. Praticamente, nem fez campanha. Venceu o deputado federal Fernando Gabeira no primeiro turno com 66% dos votos válidos.

■■■

A dor no joelho voltou a incomodar o agora ex-governador recolhido ao presídio de Bangu, na Zona Oeste do Rio, onde cumpre pena. O advogado Rodrigo Roca relatou o problema ortopédico de seu cliente à Justiça Federal.

A vida de Roca não tem sido fácil. Levou até pizza na cara ao ser apresentado, durante evento num restaurante, como defensor de Sérgio Cabral. Pior que parte dos convidados tomou partido do agressor e, todo sujo, o advogado precisou caçar um motorista de Uber ou de táxi disposto a levá-lo para casa naquele estado. No início de junho de 2018, ele solicitou ao juiz Marcelo Bretas que seu cliente fosse transportado no banco de trás da caminhonete da Polícia Federal, e não mais no camburão.

"O pedido se deve não apenas à dignidade dos cargos que o requerente ocupou, durante quase 30 anos de vida pública, mas à condição clínica de paciente de artrose aguda no joelho direito, o que tem lhe causado intenso sofrimento toda vez que precisa ser deslocado na caçamba das viaturas policiais", explicou Roca. Com frequência, o ex-governador sai do cárcere para audiências na Justiça Federal. "Durante os cerca de 55 quilômetros de extensão da avenida Brasil, fica com as pernas em ângulo ortopedicamente anômalo", escreveu o advogado e citou que Eduardo Cunha, ex-presidente da Câmara dos Deputados, e Antonio Palocci, ex-ministro da Fazenda, também presos na Lava Jato, conseguiram na Justiça o direito de viajar fora do camburão.

Colunista de jornal e emissora de rádio, o jornalista José Simão não perdoou ao comentar a artrose do ex-governador. "Cabral está com camburose", ironizou ele.

▪▪▪

O segundo mandato começaria em 2011 com a obra mais cara da Olimpíada, a construção da Linha 4 do Metrô, ao custo estimado de 10 bilhões de reais. Com 16 quilômetros de extensão e seis estações, o novo trajeto ligaria o bairro de Ipanema, na Zona Sul carioca, à Barra da Tijuca, na Zona Oeste, onde seria erguido o parque olímpico para boa parte das competições. Em vez de abrir licitação, o governo aproveitou um contrato antigo, assinado em dezembro de 1998, com o consórcio formado por Queiroz Galvão, Constran e Trans Sistema de Transportes.[2]

Algumas dessas empresas já não tinham como participar do empreendimento, então o esquema precisou de ajustes. A Queiroz Galvão permaneceu no projeto. Entraram em cena a Odebrecht e a Carioca Engenharia, freguesas da propina de 5% exigida pelo governo. O dono da Carioca Engenharia, Ricardo Pernambuco, contou à Justiça que o valor do suborno aumentou por causa das novas obras para os Jogos Olímpicos. Segundo ele, Wilson Carlos avisou que agora a mesada subiria de 200 mil para 500 mil reais.[3]

▪▪▪

A sexta-feira, 17 de junho de 2011, começou cansativa para o piloto e empresário Marcelo Mattoso de Almeida, de 48 anos. Ele saiu do Rio de Janeiro no helicóptero Esquilo, modelo AS 350 B2, fabricado em 2008, parou em Vitória, no Espírito Santo, e pousou, ainda com a luz do dia, no heliponto do condomínio Jacumã Ocean Resort, na praia de Trancoso, sul da Bahia. A viagem transcorrera sem problemas e durara cinco horas, conforme registros da Agência Nacional de Aviação Civil (Anac). Mas o dia ainda não tinha acabado. Havia outros voos pela frente.

Mattoso atuava no ramo imobiliário com sucesso e o luxuoso resort era o seu xodó. Em março de 2008, ele participara de sua criação com 12 sócios e, depois, se tornara o síndico do empreendimento. Para cruzar os portões do Jacumã e chegar até a praia privativa, os visitantes precisavam da autorização de todos os condôminos. Naquele fim de semana, ele ia receber gente importante no resort. Por isso, por volta das 17h40, decolou do heliponto, pousou na pista do aeródromo de Porto Seguro, no litoral da Bahia, e pediu emprestada a sala vip de uma empresa de táxi aéreo. Seus convidados precisariam de algum conforto e discrição no aeroporto.

O piloto abasteceu a aeronave com 294 litros de querosene de aviação, quantidade suficiente para três viagens até o condomínio. O Esquilo podia levar no máximo cinco passageiros, mas, como eram nove os convidados, teria que ir e voltar. Mattoso tinha experiência, tirara a licença da Anac para voar em 2000. O helicóptero facilitava a sua vida de empresário, ao evitar o trânsito no Rio, e também lhe dava algum prazer. O empresário participava de expedições aéreas para desbravar lugares remotos na Amazônia e no Centro-Oeste, com pousos em locais improvisados. Agora não podia se arriscar em aventuras na noite escura, com chuva leve e alguns pontos de neblina. Segundo a Anac, ele tentou contratar um piloto mais experiente para o trecho, porém não conseguiu ninguém àquela hora.

Encarregado de receber os planos de voo, sem os quais a aeronave não pode decolar, o segundo-sargento da Aeronáutica Marinildo da Silva Júnior contou tempos depois à polícia que Mattoso telefonou, por volta das cinco da tarde, para avisar que esperava "a família do governador do Rio" e realizaria duas viagens ao condomínio Jacumã. O sargento pediu o registro na Anac. Ao checar o número no sistema, o operador viu que pertencia a outro piloto, chamado Felipe Calvino Gomes. "É ele que vai pilotar?", perguntou o militar. Mattoso respondeu que sim. O empresário não podia passar o seu próprio registro, pois estava com o certificado de habilitação vencido desde 2005 e o de capacidade física expirado em 2006. Tempos depois, Gomes afirmaria não ter autorizado o uso de seu código. O número se encontrava no diário de bordo do helicóptero porque, dias antes, ele fizera um voo no Rio de Janeiro.[4]

Mattoso esperava que o jatinho Legacy, vindo do Santos Dumont, pousasse ainda de dia em Porto Seguro, mas Sérgio Cabral quase sempre chegava atrasado a seus compromissos oficiais, imagine a um passeio. Ele viajava com o empreiteiro Fernando Cavendish, da Delta Construções – agora dono de contrato para reforma do Maracanã –, que fazia aniversário naquela sexta-feira e vinha comemorar a data. A mulher de Cavendish, Jordana Kfuri, deixara as gêmeas de pouco mais de 1 ano em casa. Tivera uma gravidez de risco, com 30% de chances de uma das meninas morrer e, após o parto, as duas ficaram 45 dias na UTI.[5] Com as gêmeas bem, o casal respirava aliviado. Jordana trouxera apenas Luca, de 2 anos e 7 meses, filho de outro casamento. A irmã de Jordana, Fernanda Kfuri, estava com o filho Gabriel, de 2 anos e 10 meses. A babá Norma de Assunção auxiliava as mães.

Marco Antônio, filho do governador, também fazia parte do grupo, junto com a namorada Mariana Noleto, de 20 anos. Como não podia ser diferente, Sérgio Cabral, Marco Antônio e Cavendish deixaram que as mulheres e crianças fossem na primeira viagem, enquanto eles se acomodaram na sala vip reservada por Mattoso.

Momentos antes de decolar, o piloto telefonou para o Jacumã Ocean Resort e mandou o funcionário acender as luzes da quadra de tênis. Talvez ajudasse a identificar com mais facilidade o local do pouso, naquela noite escura. Aberto ao tráfego aéreo havia apenas cinco meses,[6] o heliponto do condomínio tinha luzes de balizamento noturno e iluminação no indicador da direção do vento, conhecido por biruta, mas a estrutura não garantia o sucesso numa aterrissagem visual.

A partir da decolagem na cidade de Porto Seguro até o resort, a rota mudava radicalmente de características. Na linha do litoral, à sua esquerda, o comandante avistava apenas o mar aberto. À direita, havia bons pontos de referência visual até Arraial d'Ajuda. Mais adiante, porém, as casas e estradas iam rareando até quase sumir. Um piloto experiente podia subir o helicóptero a 240 metros de altitude até avistar as luzes desmaiadas do Jacumã, mas não se arriscaria a pousar sem auxílio de aparelhos. O piloto e empresário Marcelo Mattoso de Almeida faria o voo noturno em instantes, mas, com pouca experiência no uso de instrumentos,[7] optaria pelas regras visuais de aproximação, por isso pediu o reforço dos holofotes da quadra de tênis.

O helicóptero decolou às 18h41 no pátio secundário do aeródromo. Percorrer o trajeto até o condomínio não demoraria mais do que 10 minutos. Após um pico de 120 metros de altitude, Mattoso manteve-se quase sempre a 60 metros. Moradores da praia de Itapororoca viram a aeronave em altitude baixa, mas aparentemente controlada pelo piloto. Às 18h49, oito minutos após partir, o helicóptero desapareceu do radar. O controle de voo em Porto Seguro tentou duas vezes contato por rádio, mas não houve resposta.[8]

Com as duas crianças pequenas no colo das mães ou da babá, ainda sobraria um lugar no helicóptero. Poderia ter sido o de Adriana

Ancelmo, mas o casal enfrentava problemas conjugais havia alguns meses e ela mandara o marido sair do apartamento.

■■■

O desembargador Paulo Rangel tomou posse no Tribunal de Justiça do Rio na noite de segunda-feira, 5 de abril de 2010, sem a presença do governador, mas com a primeira-dama entre os convidados de honra no salão. "Vossa Excelência Dra. Adriana Ancelmo gostou do meu currículo, de minha história de vida e defendeu meu nome", agradeceu Rangel, durante o discurso. "Como se não bastasse, o governador, em nosso encontro, disse-me que, se eu entrasse em lista, seria nomeado." Na ausência de Cabral, que enviara um representante, ele falava olhando para Adriana. Promotor de Justiça de carreira, Rangel entrou na vaga de desembargador reservada a membros do Ministério Público do Estado. Seu nome fizera parte de uma lista tríplice, elaborada pelo Tribunal de Justiça e enviada ao governador para escolha de um dos três candidatos. O dedo da advogada Adriana Ancelmo pesou na decisão do marido.[9]

Não seria a primeira vez. Em junho de 2008, ela apoiara o desembargador Luis Felipe Salomão nomeado ministro do Superior Tribunal de Justiça. Dois meses depois, defendeu a escolha do juiz federal Benedito Gonçalves para outra cadeira também no STJ. Nos dois casos, o secretário da Casa Civil, o advogado Régis Fichtner, tinha acompanhado as indicações sem interferir. Ele se fiava na promessa de Sérgio Cabral, feita ainda na campanha eleitoral de 2006, de que o seu cunhado, o desembargador Marco Aurélio Bellizze, também seria indicado ministro quando chegasse o momento certo.

Fichtner só não esperava problemas com a cada vez mais temperamental Adriana, sua antiga funcionária na Assembleia Legislativa.

Em abril de 2011, a primeira-dama virou madrinha da candidatura ao Superior Tribunal de Justiça de um sócio dela no escritório de advocacia. Pela regra do "quinto constitucional", a vaga só poderia ser preenchida por um advogado. Após o escrutínio da OAB e do STJ, Rodrigo Cândido de Oliveira entrou na lista tríplice remetida à presidente Dilma Rousseff. Ele precisava do aval de Sérgio Cabral para sair vitorioso.

Em início de mandato, Dilma nomearia pela primeira vez um ministro do STJ. A indicação vinha da OAB, mas a próxima seria obrigatoriamente de um desembargador de carreira. Se o sócio de Adriana fosse escolhido agora, dificilmente Dilma optaria na sequência por outro nome do Rio de Janeiro. Na prática, a vitória de Oliveira eliminaria as chances de Bellizze no futuro.

Fichtner procurou o governador para dar o ultimato: "Vou sair do governo. Você tinha um compromisso comigo. Se eu ficar, não tenho nem como olhar no espelho. Assumi uma promessa com minha família." Ele se referia à ascensão do cunhado ao STJ. Fichtner conhecera o chefe, de quem se tornou amigo, por intermédio de Susana Neves, ainda nos tempos de faculdade. Ele e Susana cursavam Direito na PUC e ela o apresentou ao então namorado. Em 1996, Sérgio Cabral o convidou para atuar na sua campanha a prefeito do Rio. A derrota no segundo turno não apagou o bom trabalho jurídico. Mesmo perdendo a eleição, o então presidente da Assembleia Legislativa continuava poderoso e nomeou Fichtner procurador da Casa.

Para surpresa dele, tempos depois Cabral decidiu colocá-lo como seu primeiro suplente na chapa para o Senado. "Não fique muito animado, não. Vou ganhar a eleição para governador daqui a quatro anos, mas você não vai assumir no Senado. Será meu chefe da Casa Civil", afirmou. Durante a campanha ao governo do estado, em 2006,

Reprodução

*À esquerda, nos tempos de líder estudantil, agachado atrás da atriz mirim Giovanna Gold, de quem foi namoradinho, e ao lado do amigo Wilson Carlos, futuro secretário de Governo e companheiro de cela.*

*Abaixo, com o pai, o jornalista Sérgio Cabral, um dos fundadores do debochado* Pasquim *(detalhe), letrista de samba e apaixonado por carnaval.*

Reprodução

Reprodução

O PASQUIM

"Só falo porque é pr'O PASQUIM"

"Caetano Veloso é o Castro Alves de hoje"

"Eu, pelo menos, pretendo continuar escrevendo"

A PATOTA DO PASQUIM ENTREVISTA JORGE AMADO

ÊSTES SÃO OS VERDADEIROS HOMENS SEM VISÃO

Letícia Pontual / Agência O Globo

Reprodução

Reprodução

George Fant / Agência O Globo

*No alto à esquerda, com a primeira esposa, Susana, sobrinha-neta de Tancredo Neves, que aparece na foto à direita com o neto Aécio. Com o clã dos Neves, Serginho aprenderia muito sobre política.*

*Acima, em 1991, como deputado estadual, defendendo a bandeira dos albergues da juventude. Abaixo, em 1992, com apenas um ano de mandato, ele se lança candidato a prefeito do Rio com o slogan: "Não contém Brizola." Fica em oitavo lugar.*

Guilherme Pinto / Agência O Globo

Ricardo Leoni / Agência O Globo

*Acima, em 1995, o deputado mais votado do Rio comemora sua eleição para a presidência da Assembleia Legislativa ao lado da mulher, Susana.*

*Abaixo, em 1996, novamente em campanha para a prefeitura do Rio, visita a Feira de São Cristóvão com Ciro Gomes. É derrotado mais uma vez.*

Guto Costa / Agência O Globo

Marco Antônio Teixeira / Agência O Globo

Michel Filho / Agência O Globo

Reprodução

*O todo-poderoso chefe do Legislativo cumprimenta o governador Marcello Alencar. De aliado, ele viraria adversário de Cabral e divulgaria um dossiê sobre a primeira mansão do parlamentar em Mangaratiba. No detalhe, a foto de casamento de Cabral com Adriana Ancelmo, ex-funcionária da Assembleia.*

Ailton de Freitas / Agência O Globo

*Acima, Cabral faz seu discurso de despedida do Senado, no fim de 2006. Abaixo, apoiado pela governadora Rosinha Matheus e pelo ex-governador Anthony Garotinho, na campanha ao governo do estado do Rio, que lhe deu a vitória com 68% dos votos válidos.*

Michel Filho / Agência O Globo

Marco Antônio Teixeira / Agência O Globo

Marco Antônio Teixeira / Agência O Globo

*Em março de 2007, durante solenidade no Maracanã, o presidente Luiz Inácio Lula da Silva bate pênalti, descalço. O governador recém-eleito não pega a bola, mas sai de campo sentindo-se vitorioso com a assinatura do contrato de 100 milhões de reais para reformas do estádio.*

*Abaixo, durante lançamento das obras do PAC (Programa de Aceleração do Crescimento) no Complexo do Alemão, em 2008, Cabral ouve o presidente Lula apresentar a ministra Dilma Rousseff, sua candidata à sucessão, como a "Mãe do PAC".*

Pablo Jacob / Agência O Globo

Domingos Peixoto / Agência O Globo

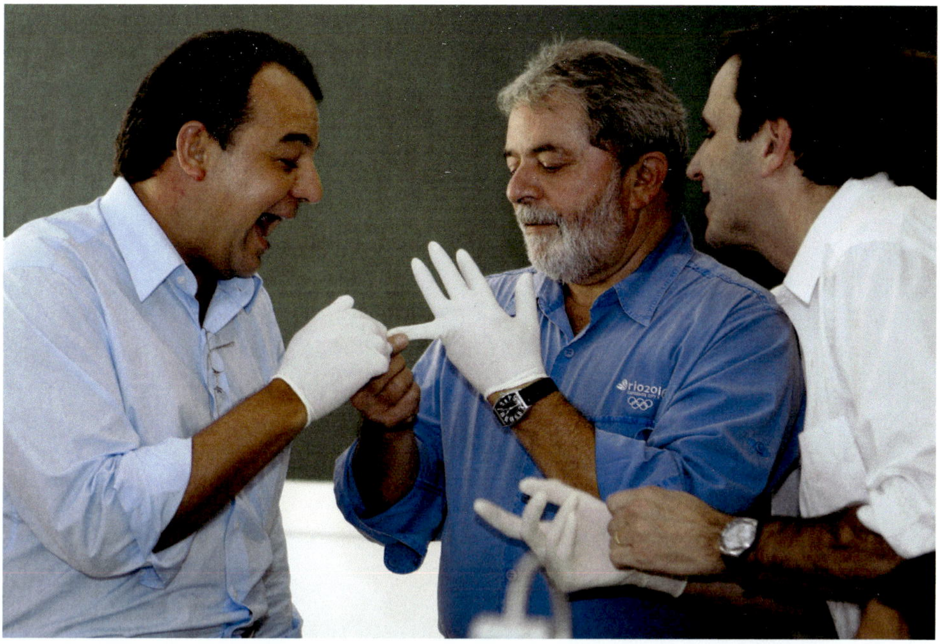

*Acima, Cabral se diverte puxando o dedo mindinho da luva do presidente Lula, observado pelo prefeito Eduardo Paes. Abaixo, num momento de descontração com Lula no lançamento das obras do Comperj em Itaboraí.*

Reprodução

Alexandre Campbell / LatinContent / Getty Images

*Em 2009, Cabral e Riqueza, como ele chamava carinhosamente a esposa, levam uma vida de luxo, com viagens frequentes a Paris. Isso viria à tona nas fotos abaixo vazadas por Anthony Garotinho três anos depois. Da esquerda para a direita: Adriana exibe a sola de seus sapatos Louboutin; o governador e sua* entourage *fazem uma dancinha na frente do hotel Ritz; e, encorajados pela bebida, o secretário de Saúde Sérgio Côrtes, o operador financeiro Georges Sadala, o empreiteiro Fernando Cavendish, o secretário municipal de Urbanismo Sérgio Dias e o secretário de Governo Wilson Carlos protagonizam o episódio conhecido como "farra dos guardanapos".*

Reprodução

Reprodução

Reprodução

*Acima, Cabral se diverte pedalando pelas ruas de Paris.*

*À esquerda, no restaurante Le Louis XV, em Mônaco, o governador comemora o aniversário de Riqueza. No canto inferior direito da imagem, circulado em vermelho, é possível ver o anel de 800 mil reais, presente de Cabral a Adriana pago pelo amigo Cavendish, dono da Delta Construções. Em troca, o empreiteiro ganharia um naco da reforma do estádio do Maracanã.*

Reuters / Pawel Kopczynski

Tasso Marcelo / Estadão Conteúdo / AE

Jefferson Bernardes / Agência Preview

*Acima, acompanhado de Eduardo Paes, Carlos Nuzman, Lula e Orlando Silva, Cabral comemora a escolha do Rio de Janeiro como cidade-sede dos Jogos Olímpicos de 2016. Mais tarde, foram reveladas transações que indicavam a compra de votos a favor do Rio no Comitê Olímpico Internacional.*

*À esquerda, um dos principais projetos do governo, as Unidades de Polícia Pacificadora. Em novembro de 2010, blindados do Exército ocupam a Vila Cruzeiro. As UPPs enfrentariam dificuldades financeiras após o saque dos cofres públicos pela organização criminosa chefiada por Cabral.*

Marco Antônio Cavalcanti / Agência O Globo

*Acima, Sérgio Cabral e Adriana na cerimônia de cremação de Jordana Kfuri, esposa de Fernando Cavendish, morta na queda de um helicóptero em 2011, em Trancoso, na Bahia. A tragédia revelou as ligações perigosas do então governador com o empreiteiro e com o empresário Eike Batista, que emprestara o jatinho para a viagem de Cabral e seus amigos à Bahia.*

Hipólito Pereira / Agência O Globo

Oscar Cabral / Abril Comunicações S.A.

Reprodução

Zô Guimarães / Folhapress

*Em julho de 2013, a revista* Veja *revela que a família Cabral usava e abusava dos helicópteros oficiais, que levavam até o cachorro para a casa de veraneio em Mangaratiba, avaliada em 8 milhões de reais (abaixo). Acima e à direita, outros prazeres do ex-governador: a lancha Manhattan Rio e um retrato pintado pelo artista Romero Britto.*

Márcia Foletto / Agência O Globo

Reynaldo Vasconcelos / Futura Press / Folhapress

Marcos Arcoverde / Estadão Conteúdo / AE

Fernando Quevedo / Agência O Globo

*No Rio, manifestações pediam a saída de Cabral. Sua situação se agravou com a prisão do ex-diretor da Petrobras Paulo Roberto Costa (à esquerda), um dos marcos iniciais da Operação Lava Jato. Era o começo da derrocada de Cabral, que renunciaria em abril de 2014. Embaixo, em 2015, num dos raros momentos em que voltou a aparecer em público, entregando ao filho Marco Antônio Cabral a Medalha Tiradentes, a maior honraria da Assembleia Legislativa do Rio.*

Wilton Junior / Estadão Conteúdo / AE

Fernando Frazão / Agência Brasil

*Em 17 de novembro de 2016, enquanto os agentes executam um mandado de busca e apreensão no apartamento do casal, Cabral é preso na Operação Calicute. Mais tarde, Adriana Ancelmo é levada para prestar depoimento na 7ª Vara Federal Criminal do Rio de Janeiro.*

*Imagens: reprodução*

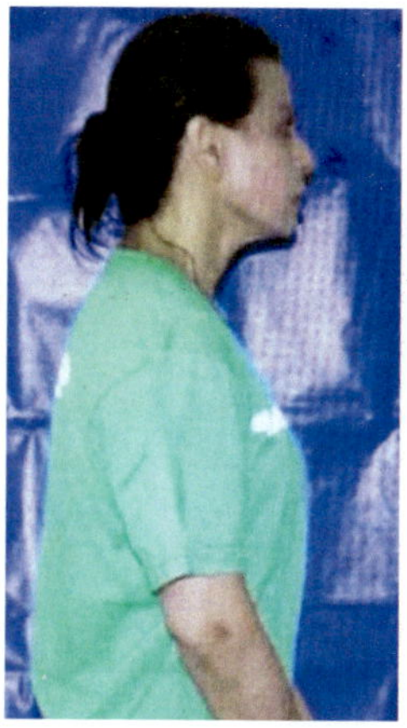

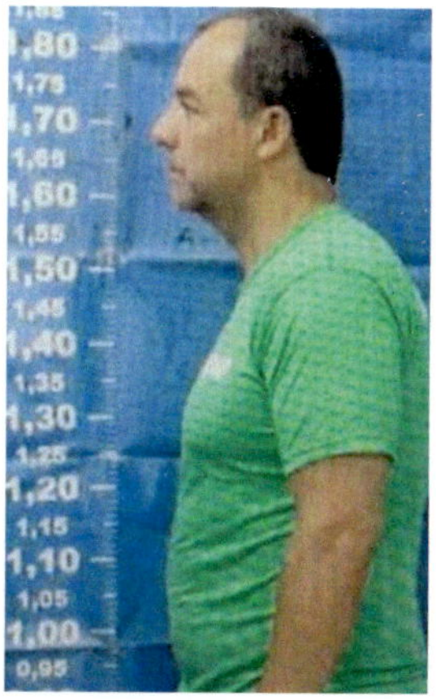


*Em dezembro, a ex-primeira dama seria presa, acusada de associação criminosa e lavagem de dinheiro. À esquerda, o casal é fichado na chegada à cadeia. Abaixo, Cabral presta depoimento ao juiz Marcelo Bretas, da Lava Jato do Rio.*

*À esquerda, o ex-governador, preso em Bangu 8, observa enquanto um homem misterioso parece contar dinheiro. Essas imagens seriam usadas numa investigação para apurar a boa vida na cadeia.*

Giuliano Gomes / PR Press / Folhapress

*Por causa das regalias, Cabral é transferido temporariamente para Curitiba em janeiro de 2018. O ex-governador é conduzido ao IML com mãos e pés algemados e protesta: "Não se trata um ser humano assim."*

o advogado acumulou diversos cargos, de tesoureiro a chefe de imprensa. Pediu em troca a vaga para o cunhado Bellizze no STJ.

Sérgio Cabral não podia perder seu braço direito. Telefonou para a presidente Dilma e vetou o nome de Rodrigo Cândido de Oliveira, o sócio de Adriana. Em 18 de abril, a presidente optou pelo advogado mineiro Sebastião Reis Júnior. Riqueza esperava vencer a queda de braço com Fichtner. Ela não vivia bons momentos. Pessoas próximas a encontravam deprimida com frequência. Também não gostava de viver cercada de gente, ao contrário do marido, que, desde os tempos da casa do pai em Copacabana, apreciava muito as rodas de amigos. Logo após Dilma preterir o seu sócio, Adriana teve uma briga feia com Sérgio Cabral.

Semanas depois, abriram duas vagas no STJ a serem preenchidas por juízes. Se ela perdeu, Fichtner também deveria amargar derrota. Adriana telefonou para o ex-presidente Lula, com quem jantara alguns meses antes na companhia do marido. Pediu que ele falasse com a presidente Dilma para vetar o nome de Bellizze. No ano anterior, Lula e Dilma haviam sido padrinhos do casal numa cerimônia de renovação de votos realizada no Palácio Laranjeiras. O ex-presidente se negou a atender o pedido de Riqueza.

A votação no plenário do STJ durou duas horas e dez minutos na noite de quarta-feira, 15 de junho. Havia duas vagas abertas: a de Luiz Fux, nomeado para o Supremo Tribunal Federal, e a de Paulo Medina, punido com aposentadoria compulsória por suspeita de beneficiar bicheiros com decisões judiciais. Os 29 ministros do STJ decidiram primeiro se haveria duas listas tríplices para cada vaga ou uma relação única com quatro nomes. Venceu a segunda opção. Após cinco rodadas de votação, saíram os quatro indicados: Bellizze ficou empatado em segundo lugar.[10] Não havia dúvidas de que o governador faria valer sua vontade. Às 20h20, os ministros encerraram a sessão e logo a notícia chegou aos ouvidos de Adriana Ancelmo. A reconciliação com o marido parecia mais distante.

Desconsolado, dois dias depois, Sérgio Cabral resolveu ir à festa de aniversário do amigo Cavendish na praia de Trancoso.

▪▪▪

Administrador do condomínio Ponta da Barra, Paulo Masutti achou algo de estranho no helicóptero que passou em direção à fazenda Jacumã. Os pilotos naquela rota seguem sobre o mar ou a praia, mas aquele ia muito para o lado do continente, um sinal de que estaria perdido. Pouco tempo depois, a funcionária do Jacumã Ocean Resort telefonou e perguntou se ele tinha visto ou ouvido alguma aeronave passar. Já ressabiado, Masutti ligou para o gerente de um aeródromo da região. Ouviu que o helicóptero do empresário Mattoso havia desaparecido. Ele chamou o vizinho mototaxista para realizar buscas pela praia. A noite estava fria, bastante escura e caía uma leve garoa. O farol da moto penetrava com dificuldade a neblina.[11]

Os caseiros Adriano da Conceição e Leandro da Silva proseavam na varanda de um dos sítios do vilarejo Itapororoca, quando escutaram o helicóptero em baixa altitude. Os dois interromperam a conversa e se levantaram para espiar o céu, atraídos pelas luzes que logo se perderam na escuridão. Mal sentaram de novo, ouviram dois estrondos fortes, como "se fosse a explosão de botijões de gás". Correram à praia, mas nada enxergavam. Só ouviam o arrebentar das ondas na maré alta.

Voltaram com uma lanterna, focaram em algo e só perceberam que era uma pessoa de barriga para cima por causa do gemido. Fernanda Kfouri ainda tinha metade do corpo na água. Próximo dela, havia um assento flutuante que provavelmente usou para chegar à areia. Parecia ter fraturas pelo corpo. Os dois a agasalharam com um cobertor.[12] Paulo Masutti se juntou aos dois caseiros. Versado em primeiros socorros, ele checou os sinais vitais da mulher, tentou saber se era passageira do helicóptero, se dava alguma referência do local da queda, mas Fernanda só repetia que estava "com frio, não conseguia respirar e sentia que ia morrer".

Motorista de ambulância, empregado no posto de emergência mais próximo, Geilson de Araújo recebeu a notícia de um dos caseiros e seguiu a toda velocidade para a praia. Colocou Fernanda numa maca e, com ajuda de outros homens, tentou embarcá-la em um helicóptero particular que ajudava nas buscas de sobreviventes e acabara de pousar ali, mas não havia espaço para o transporte com segurança. O jeito foi seguir de ambulância pela estrada. No meio do caminho, Araújo encontrou uma UTI móvel. A médica deu a primeira assistência à vítima até o hospital Luís Eduardo Magalhães, em Porto Seguro. Fernanda chegou a ser internada, mas não resistiu.

Araújo recebeu ordens para ficar na praia de prontidão, caso encontrassem mais gente com vida. Ele permaneceu na vigília com alguma expectativa, até que viu chegar a viatura do IML, o Instituto Médico Legal. Os legistas recolheram três corpos. Eram os meninos Gabriel e Luca e a babá Norma Assunção. Já davam duas e meia da manhã.[13]

Bombeiros, policiais e militares da Marinha continuaram nas buscas. Pescadores e mergulhadores particulares encontraram o helicóptero a seis metros de profundidade, a 143 metros da praia de Itapororoca e a 22 quilômetros do aeródromo de Porto Seguro. Após ficar perdida sobre a terra, como vira Paulo Masutti, a aeronave caiu na água. O lado esquerdo estava virado para o fundo do mar. O cone de cauda, as pernas do trem de pouso, o rotor principal (que são as hélices da parte de cima) e a cabine ficaram completamente destruídos.

Mais de um ano depois, em agosto de 2012, o Comando da Aeronáutica concluiu que o piloto, sem ter noção da real altitude em que se encontrava, se chocou de frente com o mar em alta velocidade. O Esquilo pode alcançar mais de 250 quilômetros por hora. Com o impacto, o cone de cauda se deslocou para cima e colidiu com a pá do rotor principal.

O corpo da namorada de Marco Antônio só foi encontrado no começo da madrugada de segunda-feira. A jovem Mariana convivia com a família de Cabral havia sete anos.

Pescadores acharam o corpo de Mattoso na tarde de segunda-feira, a mais de três quilômetros da praia do Cruzeiro, que fica no centro de Porto Seguro.

Jordana continuou desaparecida, até ser localizada na terça-feira, numa praia ao norte da cidade, e identificada no IML pela tatuagem, o relógio e as roupas que usava.

Em fevereiro de 2013, o delegado Ricardo Feitosa encerrou o inquérito policial sobre o acidente. Ele concluiu que o piloto cometeu crime de "homicídio culposo (sem intenção de matar) por inobservância de regra técnica", mas deixou "de indiciá-lo em virtude da extinção de punibilidade por sua morte no desastre aéreo".[14]

■■■

A tragédia revelou a relação íntima entre o governador e o empreiteiro, dono do contrato milionário com o estado para a reforma do Maracanã. Fora do círculo de amizade, ninguém sabia da estreita ligação entre os dois. As farras em Paris só viriam à tona no ano seguinte, em 2012, após o deputado Anthony Garotinho publicar fotos e vídeos das festas em seu blog na internet. E quem podia imaginar que, em julho de 2009, Cavendish pagara o "anel de compromisso" de 800 mil reais, presente de aniversário para Adriana Ancelmo?

No maior cinismo, Sérgio Cabral negou favorecimento à Delta Construções, a empreiteira do amigo. Tentou encerrar o episódio, mas havia outro personagem na história da viagem à Bahia para complicar.

A comitiva do governador desembarcou em Porto Seguro no jatinho Legacy do empresário Eike Batista, à época um dos dez homens mais ricos do mundo. O bilionário tinha vários interesses no governo do estado, que variavam de licença ambiental à desapropriação de áreas para seus negócios na indústria petrolífera e em portos. Eike possuía três aviões no hangar. Ele conta que recebia pedidos de "muita gente" para emprestar os jatos e só parou de atendê-los após o episódio de Trancoso. O passeio na aeronave do bilionário poderia se limitar a mais um conflito de interesses, entre o público e o privado, se não houvesse negociata das grossas por trás da relação dele com o governador.

Numa noite de fevereiro de 2011, Eike jantou na casa de Sérgio Cabral, no Leblon, com a presença de Lula, que acabara de deixar a Presidência da República. A assessoria do governo divulgou que era apenas um encontro de amigos.[15] Alguns meses antes, em 2010, Cabral havia visitado Eike em sua mansão do Jardim Botânico, também na Zona Sul carioca. Como todos os visitantes, ficou impressionado com a Lamborghini Aventador, de 2,5 milhões de reais, que o bilionário mantinha na sala de casa. O veículo de luxo certamente só estimulou o governador a falar sobre o motivo da reunião. Ele queria propina em troca de atender aos interesses do empresário, segundo diz a denúncia da Procuradoria da República.[16] Os dois acertaram o pagamento de 16,5 milhões de dólares no exterior. Muito tempo depois, já preso, Sérgio Cabral admitiu que pediu o dinheiro, porém negou que fosse suborno e insistiu na versão de caixa dois de campanha.[17]

Sempre bajulado, Eike era um generoso doador de dinheiro a políticos pelo caixa um, registrado na Justiça Eleitoral. Na disputa de 2010, ele deu 4,4 milhões de reais aos comitês financeiros de alguns partidos. Fez questão de repartir em partes iguais o quinhão do PT e o do PSDB, que disputavam a Presidência da República: cada legenda ficou com 1 milhão de reais. Além dos 4,4 milhões, ele contribuiu com 1,65 milhão de reais diretamente a cinco candidatos, sem passar pelos comitês. Quase metade disso, 750 mil reais, caiu por transferência eletrônica na conta bancária da campanha de Sérgio Cabral.

Já a propina seria recebida fora do país e, para isso, o governador convocou o seu doleiro. Renato Chebar usaria a offshore Arcadia Associados, aberta no Panamá. No início de janeiro de 2011, pouco antes do jantar no apartamento do Leblon, a Arcadia assinou um contrato falso com a Centennial Asset Mining Fund, holding de Eike Batista sediada em Nevada, nos Estados Unidos. Oficialmente, o bilionário contratou a offshore do doleiro para orientar a compra de uma mina de ouro na Colômbia, um negócio de 1,4 bilhão de dólares. A mina de fato existia, mas Chebar nunca prestou serviço algum. Recebeu os 16,5 milhões de dólares a título de comissão, mas o dinheiro iria para o bolso do chefe.[18]

O empréstimo do jatinho Legacy levantou suspeitas de "toma lá, dá cá" com Eike. Talvez o mais ousado dos cleptomaníacos suspendesse a transação até a poeira baixar, mas Sérgio Cabral levou tudo adiante. O pagamento ocorreu no começo de setembro, dois meses após o acidente de helicóptero. A Procuradoria da República denunciou que Eike transferiu 4,7 milhões de dólares do Tag Bank, no Panamá, para a conta da Arcadia no banco Winterbotham, no

Uruguai, e pagou a outra parte com ações na bolsa de valores dos Estados Unidos. Chebar conta que, durante encontro no St. Regis Hotel, em Nova York, Sérgio Cabral sugeriu a compra de ações apenas da Petrobras. O doleiro ponderou os riscos de apostar tudo numa empresa só, então os dois decidiram adquirir papéis também da companhia de bebidas Ambev e da mineradora Vale S.A.[19] Ainda assim, acabou sendo um mau negócio.

Quando liquidou a carteira de investimento, em setembro de 2015, já ex-governador, Sérgio Cabral perdeu 8 milhões de dólares devido à desvalorização das ações, principalmente as da Petrobras, abalada pelo esquema de corrupção que a Lava Jato descortinava.[20]

■■■

O ano de 2011 começou com a tragédia na Região Serrana do Rio, o maior desastre climático na história do Brasil. As chuvas mataram mais de mil pessoas na segunda semana de janeiro. De férias fora do país, Sérgio Cabral sofreu críticas pela ausência nos primeiros dias após a catástrofe. Em fevereiro, a Operação Guilhotina da Polícia Federal derrubou o chefe da Polícia Civil, Allan Turnowski, suspeito de vazar informações a policiais investigados por corrupção e desvio de armas. Ele seria inocentado algum tempo depois. Antes de cair, Turnowski provocou o afastamento do delegado Cláudio Ferraz, responsável pelo combate às milícias, que colaborou com a operação dos federais e era cotado para assumir a chefia de polícia. Houve crise na cúpula da segurança pública.

As notícias continuaram péssimas. Na manhã de 7 de abril, um atirador matou 12 crianças na Escola Municipal Tasso da Silveira, em Realengo, subúrbio do Rio, e morreu alvejado por um policial.

Em 4 de junho, veio o protesto de bombeiros por aumento salarial. Centenas deles arrebentaram o portão e invadiram o quartel-general da corporação numa noite de sexta-feira. A Polícia Militar cercou o prédio. Os aquartelados puseram os caminhões de combate a fogo atravessados na entrada e furaram os pneus. Sérgio Cabral mandou a PM invadir para prender os amotinados. Houve confronto a tiros, que por sorte não deixou vítimas, e 439 bombeiros acabaram presos por motim. No pátio do cárcere, perfilaram-se num SOS humano visto de cima por helicópteros da imprensa. Queriam que os vencimentos de 950 reais subissem para 2 mil reais. Após a noite no gabinete de crise, o governador, com expressão de indignado, deu uma entrevista, no começo da tarde, na qual chamou os bombeiros de "vândalos e irresponsáveis". Mas os manifestantes ganharam o apoio da população e de celebridades, que protestaram contra as prisões.

O inferno astral de Sérgio Cabral culminaria, dias depois, com o acidente de helicóptero na Bahia que expôs suas ligações perigosas. Mas seu governo tinha pontos positivos com os quais acreditava poder contar para enfrentar o desgaste. Cabral havia se cercado de técnicos em algumas secretarias importantes. Colocara o delegado da Polícia Federal José Mariano Beltrame na Secretaria de Segurança Pública, antes cheia de interferências políticas, principalmente na nomeação dos comandantes de batalhão da PM. Nomeara um economista de gabarito, Joaquim Levy, para a Secretaria de Fazenda e deixara no Planejamento o publicitário Sérgio Ruy Barbosa, mestre em administração pública. No segundo mandato, consertou a Secretaria de Educação, enviesada pela politicagem, e conseguiu avanços no ensino básico. Naquele tempo, ainda com fama de honesto, Sérgio Côrtes era considerado grande gestor na área de saúde.

Pela primeira vez, o governo encurralou as facções criminosas com o projeto das UPPs, as Unidades de Polícia Pacificadora, que começaram a ser instaladas no final de 2008 em morros antes dominados por traficantes e milicianos. No final de 2010, criminosos fizeram uma sequência de ataques pelo Rio que causaram terror. Incendiavam ônibus, metralhavam postos da PM e se recolhiam ao bunker no Complexo do Alemão, conjunto de favelas na Zona Norte, onde a polícia não pisava havia mais de uma década. Protegidas dos tiros em blindados da Marinha, as forças de segurança tomaram a fortaleza para abrir caminho às UPPs. A cena de dezenas de bandidos armados de fuzil, pistola e metralhadora em fuga no alto da favela marcou a história da cidade.

No final de 2011, em outra façanha e sem disparar tiros, os policiais reconquistaram o território da Rocinha, na Zona Sul, considerada a maior favela do Brasil. O problema é que o governo acelerou a instalação de UPPs por motivos eleitorais. As unidades repletas de policiais inexperientes, formados às pressas, acabariam abandonadas nos morros, e os soldados, encurralados por hordas de bandidos.

No campo da saúde, a administração estadual já havia inaugurado quase 50 UPAs, as Unidades de Pronto Atendimento, que ganhavam elogios do governo federal. Sérgio Cabral conta que, antes de tomar posse, no final de 2010, a presidente eleita Dilma Rousseff telefonou para convidar Sérgio Côrtes para ser ministro da Saúde.[21] Como o secretário não tinha base partidária, o PMDB vetou a escolha e, mesmo sem querer, salvou o Brasil de um ministro envolvido em um gigantesco esquema de corrupção.

Nadando no dinheiro dos royalties do petróleo e surfando na onda do crescimento econômico, o Rio de Janeiro foi o estado onde mais cresceram as despesas com pessoal. Os gastos subiram 70% acima da inflação. O governo deu reajuste de 107% para funcionários da segurança pública, que ainda recebiam gratificações pelo desempenho. Servidores das áreas de saúde e educação também ganharam aumento. No futuro, a festa provocaria um rombo de 12 bilhões de reais nas contas da Previdência Social, mas ninguém pensava em pisar no freio. Para muita gente, Cabral chegaria a presidente da República.

■■■

A Justiça declarou a "dissolução amigável" do casamento com Adriana Ancelmo numa decisão bastante rápida, em 5 de julho de 2011. O processo fora encaminhado à 6ª Vara de Família do Rio em 30 de junho, 13 dias após o acidente. Como todas as ações desse tipo, o divórcio tramitou em sigilo, mas o tribunal foi além e retirou os nomes do então governador e da primeira-dama da lista de partes, dificultando a consulta pela internet.

Muito abatido, o ex-marido foi visto dias depois na praça Santos Dumont, no bairro da Gávea, onde ficava o consultório de seu psicanalista.[22] Mas ele não pretendia esquentar o divã por muito tempo. Assim como no episódio do anel de Cavendish, outra vez daria um jeito de usar o dinheiro de um empresário para agradar à mulher, agora por motivo mais nobre. O governo arrecadava havia três anos recursos para construir o hospital Pro Criança Cardíaca, em Botafogo. No mundo das vaidades, também era um projeto para dar destaque à primeira-dama, encarregada da assistência social. Até a data do divórcio, havia captado cerca de 10 milhões de reais em jantares e almoços com celebridades.

Em um de seus depoimentos à Justiça, Cabral disse que a oportunidade de ouro apareceu quando a médica do projeto, Rosa Célia, bateu à porta de seu gabinete improvisado no prédio anexo ao Palácio Guanabara, que passava por reformas. A cardiologista pediátrica apresentou a planilha com os números da obra. Ainda faltavam

30 milhões de reais para terminá-la. O governador telefonou para Eike Batista na frente da médica: "Desculpa te ligar, mas como você já se envolveu com a causa..." O bilionário se mostraria sensível. "Ele me respondeu: 'Eu vou dar os 30 milhões. Pede para ela vir aqui amanhã combinar comigo.'"[23]

Cabral já ensaiava uma reaproximação com a primeira-dama. Os dois estiveram juntos num jantar oficial em Madri, no dia 20 de agosto, pela comemoração da escolha do Rio como sede da Jornada Mundial da Juventude de 2013, encontro da Igreja Católica que a religiosa Adriana prestigiou com prazer. Onze dias depois, veio a cerimônia de entrega do cheque de 30 milhões de Eike para a médica. Parecia o momento ideal para tornar pública a reconciliação do casal. Com alegria contida, Cabral disse que a mulher sempre incentivou a construção do hospital. Ficou ao lado dela quase o tempo todo e, quando teve chance, lhe deu um beijo na boca. Voltaram a morar juntos, porém mantiveram o estado civil de divorciados.

Eike também ficou feliz. O hospital recebeu o nome de Jutta Batista, a mãe dele.

■■■

Algumas investigações da Polícia Federal no começo parecem sem grande importância. Quando a Lava Jato surgiu, em março de 2014, os jornais a trataram nos primeiros dias como a prisão de doleiros, um deles proprietário em Brasília do posto da Torre, onde funcionava também uma lavanderia e uma casa de câmbio. Foi a lavagem de dinheiro que inspirou o nome da operação. Em seguida, com a prisão do ex-diretor da Petrobras Paulo Roberto Costa, ganhou mais destaque até dar no que deu.

Numa quarta-feira, 29 de fevereiro de 2012, a Operação Monte

Carlo também teve início despretensioso contra a contravenção. A PF saiu às ruas para trancafiar o bicheiro Carlos Augusto de Almeida Ramos, o Carlinhos Cachoeira, que explorava máquinas caça-níqueis em Goiânia. Os procuradores da República o conheciam desde 2004, pelo vídeo no qual um assessor da Presidência da República lhe pedia propina em troca de liberar jogos. A investigação contra o bicheiro cresceu a ponto de provocar arrepios nos maiores empreiteiros do Brasil, muito antes de a Lava Jato existir. A principal vítima seria Fernando Cavendish, que mal se recuperara do acidente de helicóptero oito meses antes. Na hora da agonia, o amigo Sérgio Cabral lhe faltaria.

Muito além do jogo de azar, Carlinhos Cachoeira operava com a filial da Delta Construções no Centro-Oeste. Entre 2008 e 2012, a empreiteira de Cavendish repassou 98,6 milhões de reais a cinco empresas-fantasma do bicheiro.[24] Segundo a Polícia Federal, o dinheiro vinha de obras superfaturadas. Era sacado em espécie, na boca do caixa, da conta das firmas-fantasma. Em seguida, o esquema fazia a propina chegar ao bolso de políticos e funcionários públicos que ajudaram a Delta a ganhar contratos. A descoberta do esquema nem faria cócegas nas grandes construtoras, como Odebrecht e Andrade Gutierrez, até que nas transações de Cachoeira surgiram as digitais do empresário Adir Assad. Agora sim, preocupava muito.

Assad possuía empresas de fachada usadas por algumas das maiores empreiteiras do país, inclusive a Delta. Ele simulava prestação de serviços, mas apenas vendia notas fiscais frias para justificar a saída do dinheiro do caixa das construtoras. Era a propina entregue a gente do naipe do governador do Rio.

O Congresso Nacional havia instalado uma CPI para apurar o escândalo. Quando deputados e senadores souberam onde a coisa podia chegar, a investigação já corria solta. Cavendish seria convocado. "Houve um alvoroço no mercado. Mexeram num vespeiro", diria mais tarde Adir Assad, em depoimento à Justiça.[25]

Num primeiro momento, só a Delta se viu no olho do furação. Logo a PF descobriria que a construtora repassara 370 milhões de reais às empresas de Assad e de Cachoeira. Atolada na investigação, sem crédito no banco, a construtora de Cavendish não conseguiu aportar recursos na reforma do estádio do Maracanã e, antes do final de abril de 2012, teve que abandonar a obra. Algum tempo depois, com base numa investigação de pagamento de propina no Ceará, o governo federal declarou a Delta inidônea para assinar contratos públicos. E ainda havia a CPI, mas essa acabaria não dando em nada.

Cinco anos depois, em agosto de 2017, o empresário Adir Assad contou o que aconteceu. Ele prestou um depoimento bastante franco ao juiz Marcelo Bretas. "Eu podia chegar aqui: 'Ah, coitadinho de mim, há dois anos e meio preso.' Mas seria mentira. Gerei 1,7 bilhão de reais em propina", afirmou. Adir e o irmão dele, Samir, começaram a montar a rede de empresas de fachada em 2008. Empresário do ramo de entretenimento, conseguia acesso aos executivos das empreiteiras oferecendo a secretárias e funcionários próximos ingressos dos shows que produzia, alguns de astros da música, como U2, Beyoncé e Shakira. Outras vezes, franqueava a entrada de quem desejava seduzir aos hotéis onde as celebridades se hospedavam. "O senhor merecia uns 100 anos [de prisão] por isso", brincou o juiz Bretas.

Adir Assad assinou contratos fictícios com grandes empreiteiras do Brasil, entre elas Andrade Gutierrez e Carioca Engenharia. Ele prestava serviços de terraplanagem para as construtoras apenas no papel, era tudo maquiado. Colocava uma ou duas máquinas com logotipo da empresa-fantasma para trabalhar na obra e produzia relatório de que eram 50 máquinas e 30 caminhões. "Quem vai saber o tamanho do buraco que eu fiz? A Receita Federal não consegue dimensionar isso", afirmou a Bretas. O empresário emitia então nota fiscal para justificar a saída do dinheiro da empreiteira. Cobrava de 15% a 20% de comissão. Sacava o resto na boca do caixa, pois tinha trânsito em agências bancárias, e entregava às construtoras para pagamento de propina. É um negócio baseado no "tripé sigilo, confiança e segurança para saques no banco", explicou.

Carlinhos Cachoeira fazia algo parecido em Goiás. Era uma espécie de concorrente. Adir Assad contou a Bretas que Fernando Cavendish o levou para o centro da CPI. Quando a imprensa começou a publicar matérias sobre os negócios de Assad, gelou a espinha das empreiteiras. Segundo ele, a Andrade Gutierrez pagou 30 milhões de reais a deputados e senadores para comprar a CPI. "Cheguei lá para depor e os parlamentares estavam todos no celular. Queriam que acabasse logo. Parecia até uma palestra", disse.[26]

Enquanto isso, Sérgio Cabral não só mantinha distância do amigo de outrora, como se travestiu de homem público probo. Criou por decreto uma comissão para esmiuçar os contratos da Delta com o estado, o que resultou na declaração de inidoneidade da construtora também no Rio de Janeiro. O governador pediu de volta a Adriana Ancelmo o anel de 800 mil reais que lhe dera de presente de aniversário no jantar de 2009, em Mônaco. Esqueceu a amizade com o empreiteiro. Nem considerou que, naquela noite, na mesa, decidira a data de casamento de Fernando com Jordana, morta no acidente de helicóptero. Mandou um emissário devolver o "anel de compromisso" a Cavendish.

Durante quatro anos o empreiteiro manteve o silêncio, até ser preso em julho de 2016, num desdobramento da Operação Monte Carlo, a que parecia alvejar apenas um bicheiro de Goiás. Pouco depois, Cavendish revelaria à Justiça a história do anel. Ele disse que pagou a joia visando, no futuro, conseguir o contrato do Maracanã. Àquela altura, Sérgio Cabral também já era presidiário, enquanto o empreiteiro caminhava para a liberdade em troca da confissão.

Em 5 de dezembro de 2017, na época trancafiado há mais de um ano, o ex-governador deu a sua versão ao juiz Marcelo Bretas: "Devolvemos o anel porque não nos sentíamos à vontade em função de ter declarado inidônea a empresa dele." Negou que tenha sido agrado em troca de obra. "Esse pobre sujeito desesperado, porque está sendo acusado de lavar 300 e tantos milhões de reais com a família Assad, muda de versão. Ele é um mentiroso. O anel foi um presente de puxa-saco."[27] Cavendish riu por último.

Capítulo 11

# O GABINETE DO LEBLON

Para uma quinta-feira à tarde, havia muitos deputados no plenário quando o presidente da Assembleia Legislativa do Rio de Janeiro, Paulo Melo, leu a carta de renúncia do governador. Sérgio Cabral abdicou para que o vice, Luiz Fernando Pezão, assumisse definitivamente o cargo e tentasse a reeleição.

A data, 3 de abril de 2014, era especial também por outro motivo. Celebrado na memorável festa do hotel Copacabana Palace, o casamento de Cabral com Adriana Ancelmo completava dez anos naquele dia.

Como de costume, o marido seria generoso. Ele comprou na joalheria HStern um brinco e um anel de ouro amarelo 18 quilates, ambos com rubi, que custaram ao todo 1 milhão de reais. Pagou à vista e em dinheiro.[1]

Naquele momento, a Operação Lava Jato ganhava corpo em Curitiba, depois que o ex-diretor da Petrobras Paulo Roberto Costa tinha sido preso no final de março, suspeito de exigir propina em troca de contratos da estatal. Mas ninguém falava em delação premiada e a maioria dos políticos acreditava que seria outra investigação moribunda contra a corrupção.

Sérgio Cabral estava mais preocupado em se divertir no litoral fluminense, onde se refugiava na casa de Mangaratiba. A Polícia Federal diz que, em agosto de 2014, ele comprou a lancha Manhattan Rio por 5,3 milhões de reais, tomando o cuidado de mantê-la em nome da empresa vendedora, a MPG Participações, do amigo Paulo Fernando Magalhães Pinto Gonçalves.[2]

O barco de casco em fibra de vidro, com 24 metros de comprimento e dois motores, podia navegar em mar aberto. Riqueza e o marido viajavam com toda a comodidade a bordo. A embarcação tinha dois deques, duas cabines laterais com camas de solteiro, uma sala de estar, outra de jantar, quatro banheiros, duas suítes, aparelhagem de TV e vídeo, além de bar lounge, forno, geladeira e fogão em cerâmica embutido. Comportava até 23 passageiros, mais o tripulante.[3]

Os motores consumiam 270 litros de diesel náutico por hora. Só com combustível, cada passeio de Sérgio Cabral custava em média 2,2 mil reais, na estimativa do marinheiro Cícero Deodato, piloto da lancha. O ex-governador navegava pela Ilha Grande, ia sempre à bela praia Saco do Céu com os filhos, Riqueza e convidados. Por causa do tamanho, Deodato atracava a Manhattan Rio na sofisticada Marina Verolme, em Angra dos Reis, município vizinho a Mangaratiba.[4]

Nem tudo era lazer. Logo que deixou o governo, Sérgio Cabral montou um escritório no 5º andar do prédio localizado na Ataulfo de Paiva, 1.351, no Leblon. Ficava a apenas 300 metros de seu apartamento, e ele podia caminhar na ida ao trabalho e na volta para casa. Algumas vezes, arriscava-se incógnito pela noite.[5] O aluguel de 42 mil reais da sala era bancado por Paulo Fernando, o mesmo da empresa que lhe vendera a lancha. O ex-governador só arcou oficialmente com metade das despesas em julho de 2016, quando percebeu a Lava Jato em seu encalço.[6]

No escritório, funcionava a Objetiva Gestão e Comunicação Estratégica, aberta por Cabral em fevereiro de 2015, que, entre negócios suspeitos de lavagem de dinheiro, fazia consultoria em compra, venda, fusão e aquisição de empresas. Dessa vez, o ex-governador preferiu atuar sozinho, dispensando Carlos Miranda, que havia sido seu sócio na antiga SCF Comunicação, criada em 1984. Miranda ficou com os livros contáveis da SCF, extinta em setembro de 2013.

A Objetiva servia para maquiar a verdadeira atividade na sala do Leblon. Ali Sérgio Cabral mantinha reuniões políticas e ainda tratava de propina. Numa dessas ocasiões, mandou chamar o dono da Carioca Engenharia, Ricardo Pernambuco Júnior. Em colaboração premiada, dois anos depois, o empreiteiro relataria à Procuradoria da República que Carlos Miranda, o homem da mala de dinheiro, participou da reunião de acerto de contas. Pernambuco recorda-se da conversa.

"Ricardo, existe um débito de vocês de 12 milhões de reais", disse Cabral. Pelos cálculos dele, era o que a construtora deixara de repassar durante os sete anos e três meses de governo. "Não, governador. Essa conta não está certa. Acho que não relataram o débito (que tivemos na construção) do Arco Metropolitano e as obras emergenciais de Friburgo, a preço de custo, que nós não recebemos", respondeu o empresário.

Ao cabo de alguma negociação, os dois fecharam o valor de 8 milhões em propina a ser quitada. Pernambuco disse que seria difícil levantar dinheiro em espécie naquele momento, com a Lava Jato na porta. Acertaram então que o pagamento seria feito por meio de doações a campanhas eleitorais. Pernambuco disse à Justiça que foram tantos candidatos que nem se lembra dos nomes. O ex-governador manteria em sigilo a identidade dos beneficiados, mesmo após ser preso.

"A minha vida com vocês se encerra aqui", disse Cabral, ao final da reunião. Não imaginava que a delação do empreiteiro cruzaria seu caminho num futuro próximo.[7]

...

Cabral renunciou ao governo com a intenção de disputar uma vaga ao Senado outra vez, como acontecera em 2002. Mas, pouco antes de 30 de junho, prazo final para os partidos escolherem os candidatos, o ex-governador desistiu a favor do ex-prefeito do Rio Cesar Maia, seu inimigo no passado, que agora faria chapa com Pezão. Oficialmente, ele se retirava do páreo para acomodar Maia e evitar que o ex-prefeito disputasse o governo, tirando votos de Pezão, candidato à reeleição.

A composição entre o PMDB e o Democratas, de Maia, dava palanque para o tucano Aécio Neves, candidato à Presidência da República. Isso impedia que a reeleição de Dilma Rousseff ganhasse o apoio incondicional de Pezão, simpatizante confesso da petista. A dobradinha entre o governador e Aécio ficaria conhecida pelo acrônimo "Aezão".

Nos bastidores, a história era outra. Havia apenas uma vaga para o Senado, a disputa seria difícil e Cabral terminara o governo acuado pelos protestos de rua que ocorreram em 2013. Ex-jogador de futebol, campeão do mundo em 1994, o deputado federal Romário Faria despontava como candidato favorito a senador. Cabral avaliou que perderia para o outsider da política. Seria um golpe no seu ego, além de atrapalhar Pezão. Romário de fato se mostraria imbatível e derrotaria Cesar Maia.

A Lava Jato começava a preocupar. O ex-diretor da Petrobras Paulo Roberto Costa havia sido solto pelo Supremo Tribunal Federal, mas, mal respirara aliviado, fora preso novamente, por esconder 23 milhões de dólares numa conta na Suíça. Sérgio Cabral não quis conversa sobre se eleger deputado federal, o que lhe garantiria foro privilegiado e blindagem contra o juiz Sergio Moro e delações premiadas. Naquela época, Marcelo Bretas ainda trabalhava na comarca de Petrópolis, na Região Serrana do estado, e nem sonhava que lhe caberia no futuro uma parte da operação.

O ex-governador queria ver o filho deputado federal. Estudante de Direito, de 23 anos, Marco Antônio já fazia carreira política desde o tempo de escola. Quando o pai assumiu o governo do Rio, em 2007, o aluno do Colégio Santo Inácio presidia o grêmio estudantil. Concluído o ensino médio, ele resolveu conciliar a faculdade com um cargo de 2.500 reais na prefeitura do Rio, onde poderia conviver com o experiente prefeito Eduardo Paes. As suas notas na PUC pioraram e o pai cobrou mais atenção ao estudo, mas o filho aprendia bem sobre política.[8]

Ele deu um grande passo em março de 2012, quando se tornou presidente nacional da Juventude do PMDB. Seguia o mesmo caminho do início da carreira do pai, com quem se parece bastante no jeito e nos traços do rosto. Ainda se recuperava do trauma da queda do helicóptero na Bahia, em junho de 2011, quando perdera a namorada, Mariana, com quem convivia desde os tempos de Santo Inácio. Aos poucos retomava a vida e voltava a namorar.[9]

O ex-governador tinha planos para o herdeiro político, que não precisaria estrear na política com derrota, como acontecera com ele nas eleições para a Assembleia Legislativa, em 1986. O cacique do

PMDB faria valer o seu poder nas campanhas eleitorais. Em 2014, Marco Antônio se elegeu deputado federal com 119.584 votos, a nona maior votação no estado. Segundo a Justiça Eleitoral, recebeu por intermédio do partido 500 mil reais da Carioca Engenharia e 200 mil reais da Andrade Gutierrez. Arrecadou oficialmente 6,7 milhões de reais na campanha.

Seu projeto não era atuar na Câmara em Brasília. Logo após a posse, Marco Antônio assumiu a secretaria estadual de Esporte, Lazer e Juventude do governador reeleito Luiz Fernando Pezão.

Começou a ser paparicado como o filho do rei. Em maio de 2015, ganhou a Medalha Tiradentes, a maior honraria da Assembleia Legislativa do Rio. Muito orgulhoso, Sérgio Cabral foi à cerimônia e colocou a condecoração no pescoço do filho, num dos raros momentos em que voltou a aparecer em público.[10]

▪▪▪

"Cabral exigiu 5% de propina em obras do Maracanã, dizem delatores." A notícia da revista *Época* foi publicada no dia 10 de maio de 2016. Antes de responder à jornalista Samantha Lima sobre a acusação, Carlos Miranda consultou Sérgio Cabral que o orientou a negar tudo.[11] Era a primeira vez que a imprensa divulgava trechos da delação da Andrade Gutierrez que envolviam o ex-governador.

Ele se preocupava em esconder o dinheiro da propina no exterior. Uma semana após a publicação da revista, mandou o doleiro Renato Chebar comprar o equivalente a 1,2 milhão de euros em diamantes, cerca de 4,8 milhões de reais. Em setembro, adquiriu mais pedras por 1 milhão de dólares, ou 3,4 milhões de reais na cotação da época. Chebar colocou o tesouro no cofre de uma empresa especializada em guardar valores, situada próximo ao hotel New Midi, na esquina da

Place de Chevelu com a rua Russeau, em Genebra, na Suíça. Outra parte ficou num cofre na zona franca do aeroporto de Genebra.[12]

▪▪▪

O escritório do Leblon se tornou um gabinete paralelo do governo do Rio. Sérgio Cabral recebia secretários estaduais, discutia nomeações e fazia pedidos, como a liberação de pagamentos a empresas.

Gastava um bom tempo para mediar os desentendimentos entre o governador Pezão e o poderoso presidente da Assembleia Legislativa, Jorge Picciani, que voltara ao poder após quatro anos sem mandato, devido à derrota na eleição para senador em 2010.

Sempre que podia, Jorge Picciani colocava o governador na parede. Tinha o poder de a qualquer momento pautar a votação dos pedidos de impeachment que chegavam à sua mesa. Pezão enfrentou um duro embate no segundo turno com o então senador Marcelo Crivella. Herdou um estado que logo se mostraria falido. Governava enfraquecido.

Nas conversas com os secretários, o ex-governador usava o charme político que sempre marcou sua carreira. Convencia com facilidade. Ele só mudava de fisionomia quando, durante a reunião, recebia alguma ligação de Riqueza. Parecia temer o humor da mulher, procurava não a contrariar.

No começo de 2016, ele telefonou para a Secretaria de Estado de Saúde para reclamar da precariedade da Unidade de Pronto de Atendimento em Mangaratiba. Adriana sofrera uma obstrução intestinal. Na emergência, a ex-primeira-dama foi parar na rede pública de atendimento. Sofreu um choque de realidade.

Capítulo 12

# O NAUFRÁGIO DE CABRAL

Quando as sirenes anunciaram a chegada da polícia ao prédio no Leblon, o café da manhã já estava à mesa no apartamento de Sérgio Cabral. Mal clareava a quinta-feira, 17 de novembro de 2016. Na maior educação, o ex-governador recebeu os policiais federais e o procurador da República Eduardo El Hage. Convidou para o café, gentileza que naturalmente eles recusaram. Os agentes informaram que fariam apenas busca e apreensão por ordem dos juízes Sergio Moro, de Curitiba, e Marcelo Bretas, do Rio. Não revelar todo o propósito era estratégia contra estresse antes da hora. Ainda calmo, embora surpreso com a dupla decisão, o dono do apartamento franqueou acesso aos quartos.

A notícia da operação já saía na TV. Alguns repórteres souberam com antecedência da ação, chegaram ao local antes dos policiais e agora falavam ao vivo no portão do prédio. Em guarda na portaria, policiais armados com fuzis farejaram o tumulto iminente com a aglomeração de pessoas, principalmente moradores do bairro, aos gritos de "ladrão" para o ex-governador.

As buscas ainda exigiriam tempo, porém, com mais e mais gente se concentrando do lado de fora, era melhor tirar Cabral de lá imediatamente porque depois seria difícil passar pela multidão. Os policiais revelaram então que, além dos mandados de busca e apreensão, havia outros dois expedidos por Moro e Bretas. Ambos decretavam a prisão preventiva. Sérgio Cabral segurou os óculos de leitura com as mãos trêmulas. Começou a chorar.

Escoltado pelos agentes, desceu à garagem e entrou numa caminhonete preta, sem o emblema da Polícia Federal. Houve tumulto na saída. Manifestantes, moradores e repórteres cercaram o carro. Do lado de dentro do portão, um policial borrifou spray de pimenta no rosto das pessoas, como se buscasse alguns segundos de fama.

Os helicópteros das emissoras de televisão filmavam o deslocamento da caminhonete, acompanhada por outras duas viaturas. Apressado, o comboio se dirigia à sede da Polícia Federal, a 15 quilômetros de distância. Adriana Ancelmo sentou-se na cama com o olhar fixo na tela da TV. Mantinha-se fria, vendo o marido a caminho do cárcere, enquanto policiais ao seu redor faziam buscas no quarto.

■■■

Na Superintendência da Polícia Federal, Sérgio Cabral prestou um longo depoimento. Chorou pela segunda vez ao falar do acidente com o helicóptero na Bahia, cinco anos antes, em junho de 2011. O pesadelo persistia não só por causa das sete mortes (a da namorada do filho entre elas), mas também porque o desastre foi um divisor de águas na reputação do político, ao expor as ligações dele com os empresários Eike Batista e Fernando Cavendish. Cabral confirmou à PF que pegara emprestado o jatinho de Eike para ir ao litoral baiano, mas negou qualquer "relação espúria" com o bilionário.[1]

Quanto ao amigo Cavendish, com quem viajara à Bahia, tratou de chamá-lo de boquirroto várias vezes. Algumas semanas antes, os jornais publicaram que o empreiteiro (em prisão domiciliar) negociava delação premiada. Ele contou aos procuradores que o anel que comprara a pedido de Cabral para presentear a primeira-dama no Principado de Mônaco, em 2009, tinha sido um agrado para obter um naco da reforma do Maracanã.

Os procuradores acusaram Adriana de receber – e esconder – propina para o marido por meio de contratos de advocacia. Eles pediram a prisão temporária de cinco dias da ex-primeira dama (a de Cabral era preventiva, ou seja, por tempo indeterminado), mas o juiz Marcelo Bretas achou que ainda não existiam provas do envolvimento dela. Determinou apenas a "condução coercitiva" de Riqueza até a PF para prestar depoimento. Os policiais a interrogaram sobre pagamentos milionários feitos ao seu escritório, que naquela época tinha 23 advogados associados. Em especial, quiseram saber sobre 1 milhão de reais repassado pela EBX Holding, de Eike Batista, em janeiro de 2013. Adriana respondeu que ficaria em silêncio para respeitar o sigilo profissional.[2]

Em outra sala da PF, Sérgio Cabral seguia no extenso interrogatório. Quase ao final, citou a ajuda financeira de Eike Batista aos projetos do estado, como a doação de 30 milhões de reais para as Unidades de Polícia Pacificadora, as UPPs, instaladas nos morros cariocas para expulsar milicianos e traficantes de drogas. Quando o depoimento finalmente acabou, os policiais lhe informaram que o próximo destino seria o presídio de Bangu 8, que recebe presos com curso superior, no Complexo Penitenciário de Gericinó, na Zona Oeste da cidade. O ex-governador chorou pela terceira vez. Disse que não podia ficar no mesmo cárcere das milícias e do tráfico prejudicados pelas UPPs. Os policiais explicaram que esses criminosos estavam em penitenciárias de segurança máxima, vizinhas a Bangu 8, mas totalmente separadas. Outra alternativa seria Curitiba, onde o juiz Sergio Moro conduzia a Lava Jato, ou um presídio federal no qual ficaria isolado, com apenas duas horas de banho de sol.

Sérgio Cabral chegou ao complexo penitenciário aproximadamente às 19h15, após percorrer na viatura mais de 40 quilômetros desde a Superintendência da PF, localizada no Centro do Rio. De camisa azul de manga longa, calça social escura e uma mochila nas costas, o preso caminhou no pátio em direção à entrada do pavilhão. Por volta das dez da noite, um Chevrolet Onix vermelho parou em frente à portaria de Bangu 8, segundo relato de Wilson Camilo Ribeiro, presidente do Sindicato dos Agentes Penitenciários do Estado do Rio de Janeiro.[3] Alguém descarregou bolsas e edredons, embora fosse proibido o ingresso de roupas e objetos durante a noite. O grande dia da Lava Jato no Rio chegara ao fim, mas o rei não estava deposto ainda.

...

Naquela mesma noite, por volta das onze horas, o ex-governador Anthony Garotinho também cruzou os portões do complexo de Gericinó. Foi acomodado na unidade de atendimento médico da cadeia porque passara mal logo após a prisão. O caso dele nada tinha a ver com a Lava Jato. O Ministério Público Eleitoral o acusara de comprar votos com o Cheque Cidadão, um programa social que pagava 200 reais por família com renda igual ou inferior a um terço do salário mínimo em Campos dos Goytacazes. A prefeita da cidade era a sua mulher, Rosinha Matheus.

Inimigo de Cabral, Garotinho nem pudera comemorar a desgraça de seu desafeto. Fora preso um dia antes dele, na quarta, 16 de novembro, e internado no Hospital Municipal Souza Aguiar, no Centro do Rio, com queixa de dor no peito e pressão alta. A fim de evitar regalias, a Justiça Eleitoral determinara sua transferência para o posto de saúde de Bangu. Assim como Cabral, o ex-governador ficou com medo de ir para o complexo penitenciário e demonstrou isso com todo o exagero possível. A caminho da ambulância, deitado numa maca, Garotinho esperneou, debateu-se, chutou e gritou, enquanto policiais federais tentavam contê-lo. Deputada federal, a filha Clarissa gritava aos prantos que o pai não era bandido. Com muito custo, os policiais conseguiram fechar as portas da ambulância, que rumou para Bangu.

▪▪▪

A Lava Jato fluminense batizou de Calicute a operação que prendeu Sérgio Cabral, numa referência à cidade indiana onde Pedro Álvares Cabral sofreu um tremendo revés, logo após o Descobrimento do Brasil, em 1500. O ataque de muçulmanos e hindus matou vários de seus homens, entre eles o escrivão Pero Vaz de Caminha, autor da carta ao rei Dom Manuel sobre a descoberta da Terra de Vera Cruz. Ao reagir à agressão, o navegador português bombardeou Calicute por horas até deixá-la em ruínas.

Dias antes de os policiais saírem às ruas, a Procuradoria da República tinha dúvidas sobre o melhor momento para prender o alvo, um político ainda poderoso, e que reação isso provocaria.

As delações de três executivos da Andrade Gutierrez tinham dado início à investigação. Rogério Nora de Sá, Clóvis Primo e Alberto Quintaes caíram na malha fina da Lava Jato de Curitiba. Eles confessaram os crimes para encurtar o tempo na cadeia. A prisão de Cabral era o desfecho da história que começara mais de dois anos antes, na capital paranaense.

Aberta inicialmente contra doleiros, a Lava Jato logo chegou ao gigantesco esquema de corrupção na Petrobras. No dia 17 de março de 2014, na sua primeira fase, a operação prendeu o doleiro Alberto Youssef, suspeito de integrar uma rede de lavagem de dinheiro que movimentou 10 bilhões de reais em diversas atividades ilícitas.

Os policiais federais já conheciam Youssef de investigações anteriores, relacionadas a remessas ilegais ao exterior pelo Banco do Estado do Paraná, o Banestado. A interceptação dos e-mails de Youssef permitiu chegar a um personagem novo. Uma das mensagens tratava da compra de uma Land Rover, por 250 mil reais, dada de presente ao engenheiro Paulo Roberto Costa. Sem grande esforço, os policiais constataram que Paulo Roberto tinha sido diretor de Abastecimento da Petrobras de 2004 a 2012. Diante da suspeita de que o presente fora dado em troca de favor na estatal, Moro mandou fazer buscas na casa do ex-diretor. Além da caminhonete, os agentes apreenderam uma fortuna em dinheiro: 751 mil reais, 181 mil dólares e 10,8 mil euros.[4]

Enquanto a PF realizava buscas na casa, alguns parentes de Paulo Roberto sumiam com documentos no escritório dele. Não deram atenção às câmeras do elevador, que registraram as imagens obtidas depois pela PF. Sergio Moro decretou a prisão preventiva do engenheiro por causa da suspeita de destruição de provas. Um mês depois veio o revés. Por ordem do Supremo Tribunal Federal, o ex-diretor ganhou a liberdade e parecia que, mais uma vez, as grandes empreiteiras sairiam impunes.

A grande notícia para os procuradores da República veio em junho de 2014. As autoridades da Suíça comunicaram o bloqueio de 23 milhões de dólares numa conta secreta de Paulo Roberto. Moro decretou a prisão novamente pelo risco de fuga. Em seguida, a investigação avançou sobre os negócios da família do ex-diretor e as suspeitas de corrupção na Petrobras. Temeroso de que as filhas e a mulher também acabassem atrás das grades, Paulo Roberto resolveu colaborar com a Justiça pela redução na pena e imunidade da família.

Alberto Youssef e o ex-gerente executivo da Petrobras Pedro Barusco seguiram o mesmo caminho.

Os três delataram que as grandes empreiteiras do país pagavam propina por obras na Petrobras. As licitações ocorriam sempre num jogo de cartas marcadas, pois o vencedor já estava definido em acordo prévio de preços entre os executivos. Dessa forma, as construtoras repartiam os contratos conforme seus interesses. Tinham apenas o custo de subornar dirigentes da Petrobras e também políticos, que garantiam no comando da estatal os diretores envolvidos na fraude, entre eles Paulo Roberto. Alberto Youssef operava os pagamentos por meio de empresas de fachada, que recebiam dinheiro das empreiteiras para distribuir em espécie aos corruptos.

A partir das delações, ocorreu uma série de prisões até a cartada decisiva da Operação Erga Omnes, expressão latina que pode ser traduzida como "Vale para todos". Era a 14ª fase da Lava Jato, em 19 de junho de 2015. Por ordem de Sergio Moro, a Polícia Federal prendeu Marcelo Odebrecht, o principal executivo da Odebrecht, e Otávio Marques de Azevedo, presidente da Andrade Gutierrez.

Azevedo resistiu alguns meses na cadeia. Em fevereiro de 2016, se decidiu pela delação premiada que o colocaria em prisão domiciliar. O acordo previa que os executivos da empreiteira revelariam casos de corrupção não só na Petrobras, mas em outras obras públicas país afora, inclusive as contratadas pelos governos estaduais. Nesse momento, Sérgio Cabral começou a cair na rede.

Ex-presidente da Andrade Gutierrez, Nora de Sá prestou depoimento na Procuradoria da República no Rio de Janeiro no começo da tarde de 14 de junho de 2016. Ele foi convocado a falar sobre a reforma do estádio do Maracanã para a Copa do Mundo.[5] Afirmou que Sérgio Cabral exigira propina de 5% sobre o valor da obra. Segundo ele, o secretário de Governo, Wilson Carlos, combinaria o melhor jeito de receber o pagamento. Também executivos da construtora, Clóvis Primo e Alberto Quintaes confirmaram a informação. O ex-governador cobrava percentual maior do que o exigido pelos diretores da Petrobras, que embolsavam de 1% a 3%.[6] Além disso, queria o adiantamento mensal de 350 mil reais, antes mesmo de a obra começar.

Um mês depois, a executiva Tânia Fontenelle, responsável pelo caixa dois da Carioca Engenharia, prestou depoimento na Procuradoria da República, também no Rio de Janeiro. A construtora decidira colaborar num acordo de leniência. Tânia revelou a mesada de 200 mil reais paga por mês ao então governador desde 2008. Ela disse que, em geral, entregava o dinheiro a Carlos Miranda – principal emissário do esquema – e, às vezes, a Luiz Carlos Bezerra, amigo de infância de Cabral. O executivo Rodolfo Mantuano falou no mesmo dia. Contou que o dono da Carioca, Ricardo Pernambuco Júnior, o encarregara de auxiliar Tânia nos pagamentos em 2011, quando o valor da mesada saltara para 500 mil reais. Os procuradores mostraram uma foto de Bezerra.

"Era ele, sim", disse Mantuano, que o reconheceu como uma espécie de homem da mala reserva, que, na ausência de Miranda, vinha pegar o suborno.[7]

Sem dúvida, as delações emparedavam o investigado, mas não davam pista sobre o paradeiro de tanto dinheiro. O trabalho de investigação, com a quebra de sigilo telefônico, fiscal, bancário e de e-mails, só confirmara as suspeitas de corrupção. Entretanto, não trilhara o caminho da propina paga em espécie e, por isso, impossível de rastrear nas instituições financeiras.

A apuração inicial levantou indícios contra a empresa Objetiva Gestão e Comunicação Estratégica, aberta em fevereiro de 2015 por Cabral, logo após as eleições do ano anterior. Os procuradores suspeitaram de depósitos para a empresa por serviços mal explicados de consultoria, mas não passava de mixaria perto do que havia sido delatado. A Objetiva recebera 675 mil em um ano.[8] Só as mesadas da Andrade Gutierrez e da Carioca Engenharia somavam 850 mil por mês.

Havia ainda compras de joias no valor de 6,5 milhões desde 2007. Os investigadores descobriram as aquisições feitas nas lojas da HStern e da Antonio Bernardo porque, na quebra de sigilo telefônico, apareceram 311 telefonemas de Carlos Miranda para as gerentes das duas joalherias.[9] A Receita Federal não registrava documento sobre qualquer transação dele que justificasse o contato. Só podia ser compra em espécie, num esquema de lavagem de dinheiro da propina.

Sem rastro de contas no exterior que fechasse o cerco ao alvo, os investigadores não podiam vacilar na hora de pedir a prisão. Naquela época, em novembro de 2016, o ex-governador ainda era político poderoso no Rio de Janeiro e cacique de expressão nacional do PMDB. Apoiou o impeachment da presidente Dilma Rousseff para que o peemedebista Michel Temer assumisse o cargo.[10] Cabral tinha crédito na Presidência da República.

Os procuradores trabalharam com a Lava Jato de Curitiba para obter outro mandado de prisão, além do pedido ao juiz Marcelo Bretas. Uma parte das suspeitas contra Sérgio Cabral chegou à mesa de Sergio Moro porque envolvia a Petrobras. Antes de prestar depoimento no Rio e delatar o suborno no caso do Maracanã, o executivo Nora de Sá compareceu ao prédio cilíndrico e espelhado da Procuradoria-Geral da República em Brasília. Ele relatou o pagamento de propina no contrato de construção do Complexo Petroquímico do Rio de Janeiro, o Comperj, projeto bilionário da estatal.

O executivo fez uma retrospectiva do achaque. Em 31 de março de 2008, numa manhã ensolarada, o então presidente Lula participou, junto com Sérgio Cabral, do lançamento das obras do Comperj, no município de Itaboraí, região metropolitana do Rio. A Andrade Gutierrez, a Odebrecht e a Queiroz Galvão tinham acabado de assinar contrato de 1,17 bilhão de reais com a Petrobras para fazer o serviço de terraplanagem, o maior do país naquela época, numa área de 45 quilômetros quadrados (o equivalente a 4.166 campos de futebol), onde ficaria o complexo petroquímico.[11]

"Quando você decide fazer um empreendimento desses, precisa arrumar parceiros privados para fazer parceria, e foi isso que a Petrobras fez", discursou Lula, trajando a jaqueta branca com o brasão da República. "Segundo, você precisa contar com a boa vontade do governador local para não criar dificuldades e se colocar à disposição para ajudar o empreendimento a sair. Foi isso que o nosso querido Sérgio Cabral fez", acrescentou. "Muito obrigado, Sérgio, pelo comportamento republicano de fazer as coisas acontecerem."[12]

Naquela manhã, Lula tinha muito a comemorar. A pesquisa do Datafolha lhe dava aprovação de 55% no governo, um recorde desde que o instituto tinha começado a realizar esse tipo de avaliação, em 1990.[13] Ele estava acompanhado da ministra da Casa Civil, Dilma Rousseff, sua pré-candidata a presidente em 2010.

Na verdade, Cabral tinha um comportamento nada republicano nos bastidores, relatou Nora de Sá aos procuradores da República em Brasília. O executivo contou que, algum tempo depois do lançamento da obra, participou de uma reunião no Palácio Guanabara na qual o governador cobrou propina de 1% sobre as obras de terraplanagem do Comperj, dizendo que acertara o esquema com o então diretor de Abastecimento da estatal, Paulo Roberto Costa.

Nora de Sá ponderou que a terraplanagem fora contratada pela Petrobras a preços baixos, mas ficou de analisar a situação. Temia dizer não e perder contratos com o governo do Rio. Então procurou Paulo Roberto na sede da Petrobras para saber se realmente havia um acordo. "Ele me respondeu: 'Vocês vão ter que honrar'", narrou Nora de Sá na delação.[14]

Gerente comercial da Andrade Gutierrez, Alberto Quintaes ficou encarregado de pagar 2,7 milhões de reais ao governador. Ele deveria entregar o dinheiro a Carlos Miranda em até três vezes. Recorda-se de um dos pagamentos em 14 de outubro de 2008. Como o cofre da empreiteira no Rio estava vazio, ele acertou a entrega na sede em São Paulo. Quintaes tomou o voo da TAM às sete da manhã no aeroporto Santos Dumont, desembarcou em Congonhas e foi para o prédio da construtora. Miranda chegou às 9h31. Ficou oito minutos e saiu com um pacote de dinheiro em notas de 500 euros (cada cédula valia 1.419 reais pela cotação do dia). Quintaes não se lembra do valor repassado naquela manhã, mas usou euros para diminuir o volume de notas.[15]

Muito tempo depois, em maio de 2016, o Banco Central Europeu anunciara o fim da emissão das cédulas de 500 euros porque "facilitavam atividades ilícitas". Elas representavam apenas 3% das notas na zona do euro, mas respondiam por 28% do dinheiro circulante. Todo mundo falava delas, sem nunca terem visto, tocado ou mesmo chegado perto, por isso eram chamadas de "Bin Laden".[16] Naquela época, notas circulavam sem restrição e por isso Carlos Miranda não teve a menor preocupação em recebê-las.

Paulo Roberto Costa confirmou as delações dos executivos da Andrade Gutierrez sobre o acerto de propina. "Dei o sinal verde", afirmou. Ele só não soube dizer se ocorreu o pagamento, "mas, como Sérgio Cabral não reclamou, é possível que tenha acontecido".[17]

Mesmo com o pagamento de propina, a Andrade Gutierrez teve lucro de 7% no contrato do Comperj.[18] Só o erário saiu no prejuízo porque, após a descoberta das falcatruas, as obras que consumiram 14 bilhões de dólares foram paralisadas e o polo petroquímico virou um elefante branco.[19]

■■■

Sergio Moro tinha quatro delações na sua mesa que incriminavam Cabral no caso Comperj: os depoimentos dos executivos Nora de Sá, Clóvis Primo e Alberto Quintaes, além da confirmação de Paulo Roberto. Assim como a força-tarefa da Lava Jato no Rio, Moro enfrentou o problema do mistério sobre o paradeiro do dinheiro embolsado. As quebras de sigilo bancário pouco esclareceram.

"Não foi ainda possível rastrear parcela considerável da propina paga pela Andrade Gutierrez a Sergio Cabral e seu grupo", escreveu o juiz ao decidir sobre o pedido de prisão. Parecia algo desfavorável, mas ele habilmente virou o jogo contra o investigado. "Enquanto não houver rastreamento completo do dinheiro, há risco de dissipação do produto do crime, o que inviabilizará sua recuperação", afirmou. Ele considerou o risco de fuga "uma vez que os investigados poderiam se valer de recursos ilícitos para refúgio no exterior". O melhor seria prender para ressarcir o erário e evitar que os suspeitos escapassem. Às 11h42, de 10 de novembro de 2016, Moro decretou a prisão do ex-governador.[20]

No Rio de Janeiro, Marcelo Bretas tomara a mesma decisão na noite da véspera, dia 9, às 19h22. "Os indícios revelados mostram ser coerentes as afirmações de que, neste momento, várias transações fraudulentas podem estar ocorrendo para a prática de lavagem do dinheiro ilícito e ocultação de patrimônio fruto de crimes", escreveu o juiz. "Razão pela qual a prisão requerida mostra-se ainda necessária para cessar a reiteração das práticas criminosas."[21] Uma semana depois, Cabral foi preso.

▪▪▪

O mistério sobre o dinheiro acabou na segunda-feira, 5 de dezembro de 2016, três semanas após a prisão, quando os advogados de Marcelo e Renato Hasson Chebar bateram à porta da Procuradoria da República, no Centro do Rio, com uma proposta de delação premiada. Os irmãos Chebar, que atuaram como doleiros de Sérgio Cabral, queriam falar sobre o esquema e prometiam devolver aos cofres públicos uma grande soma se escapassem da cadeia. No começo da tarde seguinte, a pedido dos procuradores, Marcelo Bretas determinou a abertura de uma conta na Caixa Econômica Federal para receber 100 milhoes de dólares que seriam repatriados do exterior.[22]

Marcelo e Renato resolveram confessar os crimes com medo de a investigação chegar até eles. Conviviam com o fantasma desde 2015. Naquele ano, a Lava Jato de Curitiba apreendera em São Paulo documentos relativos à conta bancária Golden Rock Foundation, do bilionário Eike Batista. Essa mesma conta fora usada para repassar propina de 16,5 milhões de dólares a Cabral em 2011. A transação ocorreu por meio de um contrato com a offshore Arcadia Associados, aberta por Renato. Um dos extratos apreendidos pela Lava Jato trazia o nome dele.[23]

Informado sobre a apreensão por Flávio Godinho, braço direito de Eike, Sérgio Cabral convocou uma reunião com Renato em seu apartamento, no Leblon. "Olha, esse contrato que você arrumou aí com a EBX está dando problema. Você vai ter que procurar um advogado",[24] afirmou o ex-governador, que deixara o poder fazia um ano. A relação com o doleiro era antiga.

Em sua delação, Marcelo Chebar contou que, de 2003 a 2007, o escritório dele e do irmão recebeu dinheiro para enviar ao exterior das mãos de Sérgio Castro de Oliveira, o Serjão, amigo de longa data de Cabral. Três vezes por mês, Serjão comparecia ao prédio, na avenida Rio Branco, com as notas em real dentro de uma pasta de laptop. Os doleiros guardavam a soma num cofre até trocá-la por dólares, depositados fora do país. Fizeram remessa de 6 milhões de dólares em quatro anos.

Após a posse do governador, em 2007, o volume de propina começou a crescer até chegar aos 100 milhões de dólares que os irmãos resolveram devolver. Serjão se afastou e Carlos Miranda assumiu a função do homem da mala que recolhia a propina das empreiteiras. Marcelo preferia conversar com Miranda sobre os negócios numa caminhada pelas ruas do Centro. Não corriam o risco de alguém ouvir o que diziam, pois as calçadas da avenida Rio Branco são um formigueiro humano. Após o acerto de contas, os dois paravam em algum café para falar de amenidades.

Além das remessas ao exterior, o escritório dos doleiros fazia pagamentos das despesas pessoais do governador. Carlos Miranda usava o programa de computador Pidgin para enviar os boletos ou apresentar a lista do que seria pago em espécie. A fim de driblar uma eventual quebra de sigilo telemático, ele abriu a conta de e-mail cazaalta@gmail.com, onde anexava boletos na pasta de rascunho sem enviar a mensagem. Marcelo tinha a senha para acessar e imprimir. A fim de não deixar arquivos no computador, ele fazia o download num pen-drive, que depois destruía.

Parecia um banco paralelo. Os irmãos Chebar alugaram uma sala no 11º andar da rua Visconde Pirajá, 550, em Ipanema. Lá chegaram a guardar 3 milhões de reais em espécie.[25]

Em junho de 2015, com o nome de Renato entre os papéis apreendidos na Lava Jato de Curitiba, os doleiros deixaram de fazer pagamentos de despesas pessoais. Transferiram a função para o operador Vinícius Claret, de codinome Juca Bala, que morava em Montevidéu, no Uruguai, mas podia gerenciar o esquema a distância. Os irmãos Chebar ficaram encarregados de movimentar os 100 milhões de dólares no exterior. Numa prova de generosidade, Cabral dividiu a quantia: 78 milhões para ele, 15 milhões para Wilson Carlos e 7 milhões para Carlos Miranda.[26]

Fora desse bolo, os 16,5 milhões de dólares pagos por Eike não poderiam mais ficar no banco em Montevidéu, onde a quantia havia sido depositada. Renato apelou à Lei da Repatriação de Recursos, sancionada em janeiro de 2016 pela então presidente Dilma Rousseff, que permitia aos titulares de contas ilegais trazerem o dinheiro de volta ao Brasil sem punição, apenas com pagamento de 15% de imposto e mais 15% de multa. A intenção do governo era arrecadar mais tributos. O doleiro conseguiu repatriar a propina sem problemas, mas, segundo ele, a soma aplicada em ações da Petrobras e da Vale cairia para 4,2 milhões de dólares por conta da desvalorização dos papéis.[27]

A delação dos irmãos complicou a vida de Sérgio Cabral. Não se tratava mais da palavra dele contra a dos empreiteiros que tinham relatado pagamento de propina. O esquema se materializava nos 100 milhões de dólares. Em março de 2017, o juiz Marcelo Bretas transferiu a fortuna para os cofres do governo do Rio, quebrado pela crise econômica e pela corrupção.

Cabral cometera o descuido de se aproximar do seu operador no mercado negro e até de recebê-lo em casa. Renato não pensou duas vezes em rifar o antigo chefe para fugir da prisão.

Capítulo 13

# A FACÇÃO DOS CORRUPTOS

Marco Antônio e o pai se abraçaram emocionados no fim da manhã de quinta-feira, 24 de novembro.[1] Atrás das grades havia uma semana, Sérgio Cabral ainda não podia receber visitas. Era necessário que a Secretaria de Administração Penitenciária emitisse carteirinhas de visitante, mas o filho furou a fila com a carteirada de deputado federal e passaria a frequentar o presídio usando a "prerrogativa de parlamentar".

Adriana tornou a ver o marido no pátio da cadeia, na quarta-feira, 30 de novembro, primeiro dia aberto às visitas. Cabral recebeu também o irmão, Maurício, e o filho mais velho, João Pedro. No sábado,

Riqueza compareceu novamente junto com José Eduardo, o caçula do casamento do ex-governador com Susana Neves.

A primeira e a última geração da família ainda tardariam. A mãe só apareceu em 4 de fevereiro. Em abril, vieram os filhos dele com Adriana. Os meninos estavam com 10 e 14 anos de idade.

Mais conhecida por Bangu 8, a Cadeia Pública Pedrolino Werling de Oliveira tinha horários rígidos a serem seguidos. Os inspetores abriam as celas às 8h e, após a contagem de presos, ofereciam café com leite e pão com manteiga. Para os internos com curso superior, o banho de sol ia das 8h30 às 10h30. Depois chegava a vez dos detidos por atraso na pensão alimentícia. Às 12h, serviam o almoço, um lanche às 15h e o jantar às 16h30. As celas eram trancadas às 17h. O ritmo só mudava um pouco nos dias de visita, às quartas e sábados, das 9h às 16h.[2]

Não seria fácil enquadrar o novato que, na época de governador, desrespeitava os horários de seus compromissos, até mesmo os mais importantes, a ponto de chegar meia hora atrasado à posse do seu segundo mandato, em 2011.[3]

Para impor seus caprichos, ele ainda tinha poder lá fora e também dentro de Bangu 8. O governador Luiz Fernando Pezão continuava sendo um dócil e fiel aliado. O secretário de Administração Penitenciária, que dá a palavra final nos presídios estaduais, era o coronel Erir Ribeiro, ex-comandante da Polícia Militar do Rio, que, de 2011 a 2013, bateu continência ao então governador e agora presidiário. Cabral daria um jeito de burlar as regras, mas não sem deixar pistas.

Embora com pontos cegos, o sistema de câmeras de segurança registrava a movimentação do ex-governador, sempre vestido de camiseta branca, bermuda azul e chinelos, o uniforme da cadeia. Fora dos dias de visita, ele conversava com o filho Marco Antônio no gabinete do diretor.

Algumas vezes, ia à entrada de Bangu 8 e voltava carregado de sacolas, roupas, colchão, ventilador, o que precisasse, sem passar pela revista dos inspetores. Noutras ocasiões, caminhava pelos corredores e pelo pátio com a escolta de dois homens, possivelmente colegas do cárcere que faziam papel de guarda-costas.

Havia registros de episódios misteriosos. Na madrugada de 13 de março de 2017, quando estava preso havia quatro meses, ele recebeu a visita de um sujeito não identificado. O inspetor abriu a cela, esperou na entrada pelo fim da conversa, que demorou menos de três minutos, e depois acompanhou o visitante até a saída.

O presidiário de costas quentes recebia e entregava embrulhos suspeitos. Alguns dias antes do encontro na madrugada, três homens pararam em frente ao portão da penitenciária. Um dos estranhos repassou um pacote ao inspetor, que voltou ao interior da cadeia. Numa das áreas inacessíveis às câmeras, ele some do radar, mas, na imagem captada em outro canto, surge o ex-governador segurando um pacote de mesmo tamanho e cor.

Na manhã de 27 de fevereiro, um homem de blusa clara, calça escura e chinelos, com um envelope branco nas mãos, tocou o interfone na entrada do presídio. Enquanto o inspetor saía para atender o visitante, Sérgio Cabral vestiu a camisa, atravessou uma porta de grades e se deteve segurando as barras de ferro que trancam a saída. Parecia saber que o estranho havia chegado.

Após algumas palavras com o homem, o inspetor retornou ao prédio, conversou com o ex-governador e abriu a grade para ele passar. Sérgio Cabral saiu, hesitou, deu meia-volta, mas acabou indo ao encontro do sujeito de chinelo. Pegou o envelope e regressou em direção à cela.

Aguardando no portão, o forasteiro de vez em quando conferia a sola do chinelo. Um minuto depois, o ex-governador reapareceu, tirou um volume debaixo da camisa e entregou ao sujeito. Pelas imagens da câmera, fica a impressão de que ele começou a contar notas em dinheiro ou a folhear papéis. O ex-governador esperava o desfecho com as mãos na tela da cerca. Ao final, apertaram as mãos e deram as costas.[4]

■ ■ ■

Os procuradores da República ouviram uma testemunha importante contra Adriana Ancelmo. A ex-secretária Michelle Tomaz Pinto contou que, toda semana, um dos homens da mala de Cabral entregava de 200 mil a 300 mil reais no escritório de advocacia, no Centro da cidade. Segundo ela, geralmente às sextas-feiras, Luiz Carlos Bezerra chegava ao escritório da primeira-dama de mochila cheia.

Michelle também disse que, na maioria das vezes, quitava em dinheiro as faturas do cartão de crédito de Adriana. Segundo a ex-secretária, as contas variavam de 30 mil a 300 mil reais pagos na agência do Itaú localizada na avenida Olegário Maciel, na Barra da Tijuca, bem distante do escritório.[5]

Não era só a palavra da testemunha contra a da ex-chefe, que a demitiu em novembro de 2015, após quase 11 anos de serviço. O controle de entrada mostrava que Bezerra estivera lá ao menos 17 vezes, de 2014 a 2015. Não comprovava a versão da entrega semanal de dinheiro, pois, se fosse nesse ritmo, ele deveria ter quase 100 registros de passagem pelo prédio. Ainda assim, conferia certa lógica ao depoimento de Michelle. Por sua vez, a quebra de sigilo telefônico revelou 98 ligações entre Bezerra e a ex-primeira-dama.[6]

Reforçavam as suspeitas as compras de joias no valor de 6,5 milhões de reais e os repasses milionários para o escritório em contratos suspeitos. A procuradoria pediu de novo a prisão de Adriana. Dessa vez, convenceu.

O juiz expediu o mandado no começo da tarde de 6 de dezembro de 2016. Era uma data importante. Marcelo Bretas havia aceitado a denúncia dos procuradores da Lava Jato contra Sérgio Cabral, que então se tornava réu, e mandara abrir a conta na Caixa Econômica para depositar os 100 milhões de dólares devolvidos pelos irmãos Chebar, a maior prova do esquema de corrupção.

Os policiais federais procuraram a ex-primeira-dama em seu escritório de advocacia e no apartamento do Leblon, onde algumas pessoas se concentravam com o celular na mão, ansiosas por filmar a prisão. Mas Adriana driblou o cerco e se apresentou diretamente ao gabinete do juiz, por volta das cinco da tarde.

De lá seguiu para a Superintendência da Polícia Federal, passou por exame no IML e chegou ao Complexo Penitenciário de Gericinó à noite. A penitenciária feminina Joaquim Ferreira de Souza, para onde foi, fica perto de Bangu 8, onde o marido amargava 20 dias de cadeia.

Na ala de Adriana, havia nove celas e apenas sete mulheres. Riqueza ficou sozinha numa cela de seis metros quadrados, com vaso sanitário no chão e beliche. Um choque de realidade para quem tinha acesso a todos os luxos, até uma privada importada no banheiro, segundo a imprensa, com direito a assento aquecido e água com três temperaturas: 35ºC, 40ºC e 45ºC.

■■■

Na manhã seguinte, a inspetora Amanda Dutra e Silva realizou o "confere" no 1º andar da penitenciária, onde ficam as presas com curso superior. Mesmo nesse setor especial, as internas têm que ficar de pé, com as mãos para trás e de cabeça baixa. Riqueza permaneceu sentada de pernas cruzadas na "comarca", a cama, na gíria da carceragem.

Sempre em número reduzido, os agentes penitenciários sabem que os presos controlam as cadeias brasileiras, ainda assim exigem ao menos o respeito dos encarcerados durante a revista matinal. "A hora do confere é do guarda", diz a regra de convivência. A inspetora, então com dois anos e meio de profissão, mandou Adriana se alinhar junto às companheiras. Riqueza também deveria dizer o nome completo. Como não o fez, levou bronca.

Naquele dia, havia uma situação fora da rotina. A diretora da penitenciária, Rita de Cássia, acompanhava o "confere". Quando Amanda terminou o serviço e seguiu adiante, a diretora advertiu que tinha sido "desnecessário" o tratamento rígido contra Adriana.

Com a chegada da novata, Amanda notou uma mudança na disciplina do setor de nível superior. As internas passaram a fazer pedidos na cantina várias vezes ao dia, enquanto antes se limitavam a apresentar uma lista pela manhã.

Os encontros de Adriana com o deputado Marco Antônio na sala de segurança, antes restrita a funcionários, incomodavam muito a inspetora. Os agentes precisavam se retirar para deixar os dois a sós. A detenta começou a matar o tempo naquele espaço mais confortável.

Durante um "confere", Amanda deu pela ausência da ex-primeira-dama. Acionou a diretora, mas Rita de Cássia explicou que Riqueza se encontrava na sala de segurança e não faria mal terminar a revista sem ela. A inspetora bateu o pé. Só continuou quando a contrariada Adriana reapareceu.[7]

■■■

A pedido do Ministério Público do Estado, Marcelo Bretas mandou transferir Sérgio Cabral para a Superintendência da Polícia Federal em Curitiba. Assim que vieram buscá-lo, o ex-governador abraçou os filhos mais velhos que o visitavam naquele sábado, 10 de dezembro de 2016. Entrou na viatura que o levou até a Base Aérea do Galeão, onde embarcou no Cessna turboélice da Polícia Federal, modelo 208B, que pode transportar até nove passageiros. A Promotoria de Justiça alegou que o ex-governador tinha regalias na cadeia, como banho de sol prolongado e visitas fora de hora de gente não autorizada.

Na véspera, sexta-feira, por volta de meio-dia, Cabral recebera o então poderoso presidente da Assembleia Legislativa do Rio, Jorge Picciani, parceiro do início de carreira política. O deputado estadual Paulo Melo, um dos caciques do PMDB fluminense, estivera em Bangu três horas antes.[8]

Em Curitiba, não faltaria companhia na carceragem da PF. Lá estavam o empreiteiro Marcelo Odebrecht, o ex-ministro da Fazenda Antonio Palocci e o ex-presidente da Câmara dos Deputados Eduardo Cunha, outro peso pesado do PMDB do Rio. Cassado por manter contas secretas na Suíça, Cunha derrubou o governo da petista Dilma Rousseff ao conduzir o impeachment. O ex-governador conheceu o Japonês da Federal, então chefe da escolta, e apreciou sua gentileza no trato com os presos da Lava Jato.

A estada de Cabral foi de apenas uma semana, quase um passeio. A pedido da defesa, o Tribunal Regional Federal determinou seu retorno a Bangu 8. Ele fez as malas, colocou um casaco para enfrentar o clima frio de Curitiba e embarcou de volta no mesmo avião da PF. Na porta do presídio no Rio, um grupo de manifestantes o esperava com fogos de artifício, bolo e champanhe para comemorar um mês de prisão, completado naquele sábado.

Quatro dias depois, às 9h, ele reviu Adriana no pátio de Bangu numa "visita entre presos", facilitada pela proximidade entre as duas penitenciárias onde viviam. Todas as quartas-feiras, o casal se encontraria naquele ambiente completamente diferente da vida de luxo que sempre levaram. Os dois se despediram à tarde. O próximo encontro seria após o Natal.

▪▪▪

Não se sabe como o Volkswagen Bora passou pela guarita principal do complexo de Gericinó até chegar à portaria secundária, que dá acesso a Bangu 8 e à penitenciária Joaquim Ferreira de Souza. Ali, dois inspetores vigiavam a entrada sem contato com a coordenação de segurança, porque o telefone e o rádio transmissor tinham pifado. O inspetor José Ricardo Gripe atendeu o visitante. "Tenho uma cesta de Natal para a doutora Adriana Ancelmo", explicou o homem, que se identificou como Gilson Avelino, funcionário da Secretaria de Segurança Pública. Não havia documento que autorizasse a entrega, então José Ricardo mandou o sujeito embora.[9]

Avelino voltou pouco tempo depois. Agora dizia que a diretora Rita de Cássia dera aval para que a cesta chegasse à ex-primeira-dama. Bastaria ligar para alguma funcionária de plantão na penitenciária e pedir que viesse buscar. Não havia telefone. "E nem faria isso sem uma ordem superior", encerrou André Miranda, o outro inspetor na portaria.[10]

Parecia assunto resolvido, mas Avelino reapareceu pela terceira vez citando os nomes das funcionárias da penitenciária que, autorizadas pela diretora, receberiam o presente. Já cansado da situação, Miranda o encaminhou para a coordenação dos presídios. A supervisora Cheyenne Amorim encarou o homem à sua frente. "Não vou autorizar de forma alguma", cortou.

Meia hora depois, ela recebeu um telefonema do subcoordenador Roberto Taveira dizendo para aceitar a cesta. "É ordem do zero um", disse o chefe. "Quem é o zero um?", ela perguntou. Ouviu que se tratava do secretário de Administração Penitenciária, coronel Erir Ribeiro.[11]

A supervisora se viu obrigada a ir à portaria pegar o mimo para ser levado à cela de Riqueza. Havia potes transparentes com arroz, carne assada, salada, frutas e pêssegos em calda. Uma "presa faxina", como se chama a interna que trabalha na prisão, entregou a comida para a ex-primeira-dama.

Cheyenne relatou o caso ao Ministério Público, em abril de 2018. A diretora Rita de Cassia também confirmou que cumpria determinação do secretário.[12] Ao investigar a regalia na penitenciária, o Ministério Público descobriu que o tal homem da cesta usou nome falso. A placa do carro era fria e nunca se soube quem ele era.

▪▪▪

A inspetora Amanda estava novamente de plantão no dia 31 de dezembro, quando recebeu o telefonema de Rita de Cássia. Um motorista da família Cabral chegaria por volta de meio-dia com a cesta de réveillon. Alguém precisaria atendê-lo. Naquele dia, havia 497 mulheres na penitenciária. Sempre vazia, a ala de Adriana abrigava apenas outras seis internas de curso superior, uma havia deixado o cárcere recentemente. Amanda se negou a pegar a cesta de alimentos para conceder mais privilégio à mulher de Cabral. Em depoimento ao Ministério Público, a inspetora contou que a diretora, mesmo de folga, apareceu para recepcionar o motorista com as guloseimas destinadas à presa ilustre.

O choque com a ex-primeira-dama parecia inevitável. Algumas

semanas depois, o scanner usado na revista às presas deu defeito, não funcionava de jeito nenhum. Amanda fez então a revista manual nas internas, inclusive em Adriana, que teve que ser apalpada. Foi a gota d'água. No plantão seguinte, a inspetora foi transferida de turma. As colegas que ficaram em seu lugar receberam recomendação para não tocar em Riqueza. Em fevereiro de 2017, a Secretaria de Administração Penitenciária mandou Amanda para outro presídio.[13]

Dois meses depois, a história de que Riqueza recebera a cesta de Natal saiu nos jornais. Cheyenne tomara o cuidado de escrever no livro de registros a entrega clandestina. O documento vazou para a imprensa. Quando chegou ao trabalho, ela não conseguiu abrir a porta da sala. Tinham trocado a fechadura. A supervisora acabou transferida para uma cadeia "mais complicada".[14]

■■■

Adriana Ancelmo se encontrou com o marido na visita entre presos na quarta-feira, 29 de março de 2017. O casal vivia a expectativa de que ela sairia de Bangu a qualquer momento. Marcelo Bretas a beneficiou com a prisão domiciliar por causa do filho mais novo, de 10 anos, que estava com mãe e pai na cadeia havia quatro meses. "Tenho a preocupação de que os efeitos desse processo não atinjam os direitos da criança", disse o juiz, ao tomar a decisão.[15]

A Procuradoria da República recorreu. O Tribunal Regional Federal acatou, mas o Superior Tribunal de Justiça, numa palavra final, aceitou mandar Adriana para casa.

Naquela noite, Riqueza deixou a penitenciária no banco de trás de uma caminhonete da Polícia Federal. Um grupo de pessoas a xingou na saída. Ela mantinha-se fria e séria, de óculos, vestida de preto, com decote que mostrava a camisa branca, e sem as joias que costumava ostentar. Na entrada do apartamento no Leblon, ouviu mais xingamentos, algumas pessoas bateram no vidro do carro, mas não conseguiram arrancar dela sequer um olhar.

A prisão domiciliar tinha regras. Não podia haver qualquer tipo de telefone no apartamento. Os filhos, a empregada e os parentes de até terceiro grau, autorizados a visitá-la, seriam obrigados a deixar o aparelho na portaria. O acesso à internet ficou proibido, sem nenhuma exceção, nem mesmo para o dever da escola dos filhos. Quem entrasse lá deveria deixar o nome registrado num livro. Entre as 6h e as 18h, os policiais federais tinham carta branca para fazer uma inspeção de surpresa a fim de verificar alguma transgressão.

Fora esses pormenores, Riqueza estava de volta ao Leblon.

No dia 28 de maio, um domingo, o seu filho mais velho completou 15 anos. Ela não pôde fazer a festa de antigamente, em que gastava mais de mil reais só com cachorro-quente.[16] Dessa vez, quem ganharia um presentão era o pai do garoto. Naquela manhã, a Secretaria de Administração Penitenciária transferiu a turma de Bangu 8 para a cadeia de Benfica, na Zona Norte da cidade. O presídio passara por uma reforma a fim de acomodar melhor o político ainda poderoso.

▪▪▪

O pátio do segundo andar da Cadeia Pública José Frederico Marques, em Benfica, tem cinco quadros na parede à frente de quem entra e outros dois à direita. As pinturas tentam amenizar a aridez do chão de cimento, cuja cor de chumbo sobe numa faixa até meia altura da parede branca. Embaixo da pia de alumínio, filetes de água empoçada refletem a luz artificial. Em volta, pilhas de mesas e cadeiras brancas de plástico esperam o dia de visitas.

À esquerda, a galeria A possui na entrada um portão de chapa metálica que esconde o corredor de celas. Ao centro, a galeria B dispõe de uma pequena porta lateral de grades que deixa escapar alguma visão do interior. Finalmente à direita, de frente para o guichê da cantina, o portão da galeria C possui apenas grades, fica sempre aberto e, na parede oposta às celas, janelas gradeadas deixam passar a brisa e a luz do dia. Nesse local mais confortável, ficavam os presos da Lava Jato.

Enquanto nas galerias A e B entram apenas as quentinhas, fornecidas no almoço e no jantar, a C recebe várias sacolas, sacos de gelo e carrinho de supermercado abastecido na cantina. Nessa galeria, a liberdade é tanta que só dá para diferenciar preso de inspetor por causa do uniforme.[17]

Ex-secretário de Saúde, Sérgio Côrtes dividia a cela C6 com o deputado Paulo Melo, presidente da Assembleia Legislativa de 2011 a 2015, acusado de receber propina das empresas de ônibus junto com o colega parlamentar Edson Albertassi, recolhido na C5. Mais adiante, na C8, seu sucessor na presidência da Alerj, Jorge Picciani, repartia o espaço com o filho, Felipe, suspeito lavar dinheiro da corrupção com a compra de gado. A C2 abrigava o homem da mala de dinheiro, Carlos Miranda, e o ex-secretário de Obras Hudson Braga, acusado de cobrar propina de 1% das empreiteiras, a chamada "taxa de oxigênio".[18]

Sérgio Cabral e o ex-secretário de Governo Wilson Carlos ficaram na C9. Ali também dormia o ex-policial Flávio Mello dos Santos, que acompanhava o ex-governador desde Bangu e atuava como seu guarda-costas, segundo suspeita dos promotores de Justiça. Quarto companheiro, o empresário Marco Luca fora denunciado por supostamente pagar propina em troca de contratos da merenda escolar e da alimentação de presos. Ainda sobravam dois lugares na cela com capacidade para seis pessoas, um luxo perto dos cárceres superlotados no Rio.

Cabral se tornara um "preso faxina" e estava trabalhando na prisão. As vagas escassas são bem disputadas por causa do benefício da redução da pena. Três dias de trabalho representam um a menos no tempo de cadeia. Embora o termo empregado sugira um serviço de limpeza, a função do ex-governador não tinha nada a ver com isso. Ele era bibliotecário e fizera da biblioteca uma espécie de escritório. Só faltava arrumar um emprego para seu eterno braço direito, Wilson Carlos.

■■■

A loja Fast Shop no Barra Shopping, na Zona Oeste do Rio, registrou um pagamento significativo em dinheiro, no final da tarde de domingo, 1º de outubro de 2017. Alguém que usava o nome e o CPF da estudante de direito Eliana do Carmo, sem ela saber, comprou uma TV LED de 65 polegadas, por 7.500 reais, e um Blu-Ray player, por 500 reais.[19] Mãe de três filhos, nascida em Sertãozinho, no interior de São Paulo, e avessa à política, Eliana morava em Copacabana, mas quem se passou por ela deu um endereço falso de Botafogo.[20]

Pouco antes do meio-dia, em 10 de outubro, a livraria da Travessa, no Centro, fez uma venda relacionada à transação no shopping. Foram comprados 19 DVDs de filmes variados. A despesa totalizou 810 reais pagos em dinheiro. Três horas depois, a algumas quadras de distância, na livraria Cultura, foram adquiridos mais seis DVDs ao custo de 211 reais. Outras aquisições ocorreriam em diferentes locais, mas teriam o mesmo destino.

Em 17 de outubro, uma transportadora entregou a TV, o Blu-Ray player e cerca de 160 DVDs na cadeia pública de Benfica. O material ficou guardado na sala da direção. Entre os filmes, o título que melhor explicava aquela operação era a comédia brasileira *Vai que dá certo 2*.[21]

...

Há mais de duas décadas, a missionária Clotildes de Moraes, de 78 anos, visitava presídios do Rio de Janeiro para fazer cultos evangélicos. Esbarrara com Sérgio Cabral em Bangu 8, mas ele nunca se interessara pelo sermão. Na tarde de sexta-feira, 20 de outubro, ela pregava para internos junto com outros dois religiosos no pátio da cadeia de Benfica. Instalado na biblioteca, o ex-governador chamou Clotildes e o também missionário Carlos Alberto Serejo, enquanto o pastor Cesar Carvalho continuou a oração, um tanto curioso.

Minutos depois, Carvalho se juntou aos companheiros na biblioteca. Ele pertencia à Comunidade Cristã Novo Dia, situada muito distante dali, em Jacarepaguá, na Zona Oeste da cidade. Os colegas atuavam na Igreja Batista do Méier, localizada na Zona Norte.

Com a velha lábia de sempre, o ex-governador pediu que Clotildes e os missionários assinassem um termo de doação da TV, do Blu-Ray e dos DVDs. Disse que "os irmãos" da cadeia tinham feito uma vaquinha para comprar os equipamentos de home theater e os DVDs, só precisavam oficializar como iniciativa de uma igreja, algo apenas burocrático, nada de mais. "São evangélicos", disse Cabral para convencer mais fácil. "Ah, que bom. Eu gostaria que conhecessem melhor Cristo", respondeu Clotildes, comovida.[22] Os três deram o nome completo e o número da identidade.

Flávio Mello, o ex-policial militar que dividia a cela com Cabral e fazia serviços administrativos, desceu até a sala da direção no térreo e voltou com o documento pronto, sem data, no qual a Igreja Batista do Méier e a Comunidade Cristã Novo Dia declaravam a doação dos equipamentos. Felizes em poder ajudar, os religiosos assinaram o documento, deram as mãos e começaram a orar.[23]

Mas a armação não deu certo. Após a instalação da TV no pátio da cadeia, alguém fotografou a cinemateca e vazou a imagem para a imprensa como mais um privilégio da turma da Lava Jato. A direção da penitenciária apresentou o documento assinado para se justificar, mas a Igreja Batista negou a doação, enquanto as notas fiscais de compra continham dados falsos.

Sérgio Cabral arrumou outra dor de cabeça, além da que já enfrentava. Durante audiência na Justiça Federal, em 23 de outubro, ele irritara Marcelo Bretas ao fazer aquele comentário sobre o comércio de bijuteria da família do magistrado. O juiz entendeu que o réu vasculhava sua vida particular, considerou aquilo ameaça e determinou a transferência do ex-governador para um presídio federal. Cabral estava recorrendo da decisão quando estourou o caso da cinemateca.

Chamado a depor na Corregedoria da Administração Penitenciária, o então diretor da cadeia de Benfica, Fábio Ferraz Sodré, tentou culpar Flávio Mello. Disse que tinha sido o ex-policial que providenciara o termo de doação e o procurara para pedir a instalação da TV.[24]

Ao ser ouvido no processo, Flávio negou tudo. Ele chegou à cela apavorado. Contou a um colega que sofria muita pressão para assumir a fraude. A ameaça não podia ser mais clara: se não concordasse, seria transferido para o terceiro ou quarto andar da cadeia, onde ficam membros de facções criminosas. Ali um ex-policial seria morto em questão de dias.

Após denunciar a situação à Promotoria de Justiça, Flávio escapou dos bandidos, mas deixou a cela 9 de Sérgio Cabral para ficar na galeria A, onde só entram quentinhas, nunca comida de primeira, e o portão de chapa metálica, sem abertura, sombreia o corredor.

Sérgio Cabral escapou da transferência para um presídio federal por decisão do ministro Gilmar Mendes, do Supremo Tribunal Federal, mas não se livrou da fraude no presídio. Em 15 de dezembro de 2017, o Ministério Público o denunciou por crime de falsidade ideológica e falsificação de documentos. O ex-governador não queria apenas se divertir com o "cineminha" no pátio de Benfica. O aparelho de home theater ficaria sob os cuidados de Wilson Carlos e contaria como serviço na prisão para o ex-secretário abater um dia na pena a cada três de trabalho.

## Capítulo 14

# O REI DEPOSTO

Adriana Ancelmo voltou para a cadeia em 23 de novembro de 2017. Por três votos a dois, o Tribunal Regional Federal da 2ª Região, no Rio de Janeiro, revogou a prisão domiciliar no apartamento do Leblon. A Procuradoria da República argumentou que era muito privilégio num país onde tantas mulheres continuam no presídio, mesmo com filhos pequenos em casa.[1]

O sistema penitenciário instalou Riqueza numa cela no terceiro andar de Benfica, acima da ala onde o marido cumpria pena. Ela teria a companhia da também ex-primeira-dama e ex-governadora Rosinha Matheus, presa junto com o marido Anthony Garotinho por ordem da Justiça Eleitoral. O casal foi acusado de receber caixa dois de 3 milhões de reais do grupo de frigoríficos JBS e de extorquir empresários que tinham negócios com a prefeitura de Campos dos Goytacazes, administrada por Rosinha até 2016.[2]

A ex-governadora deixaria a cadeia em uma semana. Muito abatida, ela atravessou o portão com uma sacola e um ventilador na mão.

Riqueza ainda ficaria três semanas recolhida até que o ministro do STF Gilmar Mendes viesse salvá-la de outro Natal e Ano-Novo atrás das grades, consolada por alguma cesta natalina que entrasse clandestina no cárcere, como ocorrera nos tempos de Bangu 8. Mendes fez valer uma das últimas leis assinadas pela presidente Dilma Rousseff antes do afastamento dela pelo impeachment de 2016. A lei concedeu prisão domiciliar às mães de filhos com até 12 anos incompletos.[3] O caçula de Adriana fizera 11 anos.

▪▪▪

Por causa das regalias na cadeia de Benfica, em 18 de janeiro de 2018, a Justiça transferiu Sérgio Cabral para Curitiba. Ele passou a primeira noite na Superintendência da Polícia Federal e, na manhã seguinte, no polêmico episódio que marcou sua ida ao IML, teve os pés e punhos algemados por policiais federais que faziam sua escolta. Depois disso, o ex-governador do Rio ficou quase três meses na carceragem do Complexo Médico Penal de Pinhais, na região metropolitana de Curitiba, onde outros presos da Operação Lava Jato cumprem pena, até que, em abril, o STF determinou a sua volta para o Rio de Janeiro. Ele então regressou a Bangu 8, o primeiro cárcere desde a prisão, e ali passou a se chocar com o sistema de disciplina.

O advogado Rodrigo Roca relata um episódio na manhã de terça-

-feira, 24 de julho: "O promotor de Justiça realizou diligência fiscalizatória em Bangu 8, por volta de 9h40, acompanhado de seis seguranças. Foi direto à cela do ex-governador na ala E, onde estão Wilson Carlos, Felipe Picciani e (os deputados) Edson Albertassi e Paulo Melo." O ex-presidente da Assembleia Jorge Picciani conseguira prisão domiciliar devido a problemas de saúde.

Roca diz que o promotor deu a ordem: "Detentos, todos de cabeça baixa e de frente para a parede." Sérgio Cabral desobedeceu com a arrogância que ainda lhe restava. Acabou na solitária por algumas horas.

No começo da noite, em 9 de agosto, o preso rebelde sentou-se à frente de Marcelo Bretas para mais um depoimento, dessa vez sobre a compra de votos de dirigentes esportivos para o Rio sediar os Jogos Olímpicos de 2016. Após tantos interrogatórios, grassava na sala um clima de cordialidade entre ele e o juiz. Bretas queria saber se Carlos Miranda realmente falara a verdade num depoimento anterior, quando dissera ter ouvido de Cabral a confissão sobre o pagamento por voto. A conversa teria ocorrido no pátio de Bangu 8 durante o banho de sol.

O ex-governador chamou de mentiroso o antigo parceiro de corrupção. "Eu nem dava mais bom dia para o Carlos Miranda. Já sabia que estava costeando o alambrado, interessado numa delação sem provas. Minha prima (casada com ele) entrava sem graça e constrangida no pátio de visitas", afirmou.[4] Miranda de fato delataria o chefe.

A audiência durou uma hora e meia. Bretas permitiu que o ex-governador revisse o neto e o filho Marco Antônio. A noite seria mais especial ainda. Sérgio Cabral, pai, o velho boêmio, agora acometido pelo mal de Alzheimer, aos 81 anos, desceu do táxi e caminhou com um andador, junto com a cuidadora, até a sala onde falaria com o filho. O homem outrora chamado de "A cara do Rio" trazia no rosto uma expressão de dor.

▪▪▪

Marco Antônio tentou se reeleger deputado federal. Em 5 de outubro, a dois dias da votação, a Justiça Federal o condenou à perda do cargo por improbidade administrativa pelas 23 visitas que fizera em Bangu 8, em dias e horários proibidos à visitação, nas semanas seguintes à prisão do pai, sempre dando carteirada de parlamentar mesmo quando nem no exercício do mandato estava.[5]

Cabia recurso da sentença, então ele continuou a disputar a reeleição com forte apoio do MDB, que lhe doou 1,6 milhão de reais do fundo especial de campanha, bancado com dinheiro público. A família também ajudou. O irmão mais velho deu 50 mil reais. A mãe, Susana,10 mil e a avó, Magaly, mil reais. Marco Antônio declarou à Justiça Eleitoral bens de 226,8 mil reais, seu maior patrimônio era um terço do apartamento da Lagoa doado pelos pais.

Ele fracassou nas urnas. Obteve apenas 19.659 votos, 100 mil a menos que em 2014. O ex-governador ficou sem herdeiro na política.

▪▪▪

A primeira condenação de Sérgio Cabral veio em junho de 2017 pelas mãos do juiz Sergio Moro, que julgou a denúncia de cobrança de propina nas obras do polo petroquímico da Petrobras. Ele escreveu na sentença de 14 anos e dois meses que "a situação quase falimentar do governo do Rio, com sofrimento da população e dos servidores públicos, também teve a sua origem na cobrança sistemática de propinas pelo ex-governador".[6] Moro absolveu Adriana Ancelmo por falta de provas no caso Petrobras.

Bretas assinou a sua primeira sentença em setembro de 2017. Com todo o peso da caneta, ele condenou Cabral a 45 anos e dois meses de prisão. Dessa vez, Adriana pegou 18 anos e três meses de reclusão. O processo tratou da propina desembolsada pela Andrade Gutierrez, cuja delação dos executivos detonou o esquema de corrupção. "Em razão da autoridade conquistada pelo apoio de vários milhões de votos que lhe foram confiados, (o ex-governador) ofereceu vantagens em troca de dinheiro. Vendeu a empresários a confiança que lhe foi depositada pelos cidadãos, razão pela qual a sua culpabilidade é extrema, maior do que a de um corrupto qualquer", escreveu Bretas.[7]

Até setembro de 2018, uma série de oito sentenças na primeira instância condenaria o ex-governador a 183 anos e seis meses de cárcere.[8] A maior pena, de 47 anos e quatro meses, foi pela mesada de 500 mil reais paga pela Carioca Engenharia.[9]

E ainda faltava o julgamento de outros 17 processos.

Carlos Wilson acumulava 87 anos e oito meses de cadeia[10] e Carlos Miranda, 78 anos e quatro meses,[11] mas tinha esperança de se beneficiar da colaboração premiada, o que tanto irritou o antigo chefe. Adriana Ancelmo amargava 41 anos e cinco meses de reclusão.[12]

Os doleiros Renato e Marcelo Chebar foram condenados a 17 anos e três meses de prisão cada um, mas a delação premiada e a devolução dos 100 milhões de dólares que Cabral mantinha no exterior livraram os irmãos da cadeia. A pena caiu para cinco anos da seguinte forma: seis meses em prisão domiciliar, outros seis meses de prestação de serviços comunitários, sem uso de tornozeleira eletrônica, e o restante em regime aberto. Receberam multa de 4,75 milhões de reais cada um, além de a obrigação de indenizar os cofres públicos em 10,46 milhões de reais. Só cumprirão a pena quando não houver mais possibilidade de recursos. Enquanto isso, vivem em Portugal.[13]

O ex-governador e Riqueza renunciaram a um patrimônio de cerca de 40 milhões de reais apreendido pela Justiça Federal.[14] "Apesar de não reconhecer ter praticado atos de corrupção, mas sim de outra natureza [caixa dois de campanha], [Cabral] reconhece crimes de lavagem de ativos e deles se arrepende", explicou o juiz Marcelo Bretas ao levar em consideração a iniciativa do casal para reduzir um pouco a pena deles no processo julgado em julho de 2018. Entre os bens, estavam a mansão em Mangaratiba, a lancha Manhattan, jet skis, carros blindados e algumas joias. A renúncia permitia o leilão do patrimônio para devolver o dinheiro aos cofres públicos, mas haveria dificuldades para encontrar compradores. Avaliada em 8 milhões de reais, a casa de praia, por exemplo, acabou sendo arrematada com deságio, por 6,4 milhões de reais.

Na terceira sentença que aplicou a Cabral, o juiz Marcelo Bretas conseguiu definir bem o sentido de tanta roubalheira: "Toda a atividade criminosa aqui tratada teve a finalidade de que o ex-governador, seus familiares e comparsas da organização criminosa desfrutassem de uma vida regalada e nababesca, o que vai muito além da mera busca pelo dinheiro fácil."[15]

De fato, ia muito além. Sérgio Cabral queria ser rei.

# NOTAS

## Capítulo 1

## “NÃO VOU LARGAR, O SENHOR É PRESO NOSSO”

**1** Depoimento de Maria Luiza Trotta ao juiz Marcelo Bretas no processo 01359649720174025101 da 7ª Vara Federal Criminal do Rio de Janeiro, em 19 de setembro de 2017.

**2** Denúncia da ação penal 0509503-57.2016.4.02.5101 feita pelo Ministério Público Federal à 7ª Vara Federal Criminal do Rio de Janeiro – Operação Lava Jato.

**3** Depoimento de Maria Luiza Trotta ao juiz Marcelo Bretas no processo 01359649720174025101 da 7ª Vara Federal Criminal do Rio de Janeiro, em 19 de setembro de 2017.

**4** 24ª Promotoria de Investigação Penal – 1ª Central de Inquéritos. Procedimento MPRJ nº 2017.00166724 – IP nº 921.00261/2016.

**5** Depoimento de Sérgio Cabral ao juiz Ali Mazloum no inquérito 4696/2018 do STF, em 19 de abril de 2018.

**6** "Preso em Benfica, Garotinho diz ter sido agredido e vai ser transferido." *Jornal Nacional*, 24 de novembro de 2017.

**7** Todas as informações sobre as celas foram retiradas do Relatório de Fiscalização Extraordinária, do Ministério Público do Estado do Rio de Janeiro, na Cadeia Pública José Frederico Marques, Benfica, Rio de Janeiro, 24 de novembro de 2017.

**8** Depoimento de Sérgio Cabral ao juiz Ali Mazloum no inquérito 4696/2018 do STF, em 19 de abril de 2018.

**9** Audiência de Ana Clara de Moraes Maximino ao juiz Ali Mazloum no inquérito 4696/2018 do STF, em 24 de abril de 2018.

**10** Depoimento de Sérgio Cabral ao juiz Ali Mazloum no inquérito 4696/2018 do STF, em 19 de abril de 2018.

**11** Audiência do agente Jorge Chastalo Filho ao juiz Ali Mazloum no inquérito 4696/2018 do STF, em 24 de abril de 2018.

**12** Audiência do agente Jorge Chastalo Filho ao juiz Ali Mazloum no inquérito 4696/2018 do STF, em 24 de abril de 2018.

**13** Vídeo veiculado no *Jornal da Record* em 19 de janeiro de 2017.

### Capítulo 2

## A DÉCADA ESTONTEANTE

**1** Entrevista concedida por Maurício Mallet ao autor. Rio de Janeiro, 9 de março de 2018.

**2** *Sérgio Cabral (o jornalista) – A cara do Rio*. Documentário dirigido por Fernando Barbosa Lima. Rio de Janeiro: FBL Criação e Produção, 2008.

**3** *Sérgio Cabral (o jornalista) – A cara do Rio*. Documentário dirigido por Fernando Barbosa Lima. Rio de Janeiro: FBL Criação e Produção, 2008.

**4** PAULO, Luís; IVAN, Mauro. "O samba cá entre nós." *Jornal do Brasil*, 27 de fevereiro de 1964.

**5** COSTA, Paula Cesarino. "Rua da Carioca, 53". *Folha de S.Paulo*, São Paulo, 27 de outubro de 2013. Disponível em https://www1.folha.uol.com.br/colunas/paulacesarinocosta/2013/10/1362676-rua-da-carioca-53.shtml. Acesso em 17 de março de 2018.

**6** FGV-CPDOC (Rio de Janeiro). Centro Popular de Cultura. Disponível em https://cpdoc.fgv.br/producao/dossies/Jango/artigos/NaPresidenciaRepublica/Centro_Popular_de_Cultura. Acesso em 17 de março de 2018.

**7** FGV-CPDOC (Rio de Janeiro). Centro Popular de Cultura. Disponível em https://cpdoc.fgv.br/producao/dossies/Jango/artigos/NaPresidenciaRepublica/Centro_Popular_de_Cultura. Acesso em 29 de julho de 2018.

**8** "Folheando as páginas do 'Pasquim'." *O Globo*, 18 de abril de 1994.

**9** *Sérgio Cabral (o jornalista) – A cara do Rio*. Documentário dirigido por Fernando Barbosa Lima. Rio de Janeiro: FBL Criação e Produção, 2008.

**10** "Folheando as páginas do 'Pasquim'." *O Globo*, 18 de abril de 1994.

**11** Entrevista com Sérgio Cabral. *Roda Viva*. Rio de Janeiro: TV Cultura, 28 de junho de 2011.

**12** Entrevista com Sérgio Cabral. *Roda Viva*. Rio de Janeiro: TV Cultura, 28 de junho de 2011.

**13** VIEIRA, Marceu. "A trajetória de quem fez da política sua profissão." *Jornal do Brasil*, Rio de Janeiro, 15 de novembro de 1996.

**14** "'Putz Grila', que papo dos amigos Ziraldo, Jaguar e Sérgio Cabral!", *O Pasquim*, in *Jornal da ABI* – Órgão oficial da Associação Brasileira de Imprensa, Rio de Janeiro. Edição Especial, ano 6, número 6, 2000. Disponível em https://issuu.com/mottalima/docs/2000-completo. Acesso em 8 de outubro de 2018.

**15** TOTTI, Paulo. "O sambista sumiu, adeus". *Valor Econômico*, Rio de Janeiro, 4 de março de 2011. Disponível em https://www.valor.com.br/arquivo/875783/o-sambista-sumiu-adeus. Acesso em 14 de março de 2018.

**16** *Sérgio Cabral (o jornalista) – A cara do Rio*. Documentário dirigido por Fernando Barbosa Lima. Rio de Janeiro: FBL Criação e Produção, 2008.

**17** Entrevista com Sérgio Cabral. *Roda Viva*. Rio de Janeiro: TV Cultura, 28 de junho de 2011.

**18** *Didu Nogueira e Sérgio Cabral: amizade construída no Morrinho*. 2011. Disponível em https://www.youtube.com/watch?v=NsgcHA0V8ZE. Acesso em 14 de março de 2018.

**19** Entrevista com Sérgio Cabral. *Roda Viva*. Rio de Janeiro: TV Cultura, 28 de junho de 2011.

**20** Entrevista concedida por Maurício Mallett ao autor. Rio de Janeiro, 9 de março de 2018.

**21** GASPARI, Elio. *A ditadura acabada*. Rio de Janeiro: Intrínseca, 2016.

**22** Entrevista concedida por Hamilton Garcia ao autor. Rio de Janeiro, 12 de março de 2018.

**23** Entrevista concedida por Izabela de Castro ao autor. Rio de Janeiro, 8 de março de 2018.

**24** Entrevista concedida por Maurício Mallett ao autor. Rio de Janeiro, 9 de março de 2018.

**25** Entrevista concedida por Hamilton Garcia ao autor. Rio de Janeiro, 12 de março de 2018.

**26** Entrevista concedida por Izabela de Castro ao autor. Rio de Janeiro, 8 de março de 2018.

**27** Entrevista concedida por Hierania Ramos ao autor. Rio de Janeiro, 9 de março de 2018.

**28** Entrevista concedida por Giovanna Gold ao autor. Rio de Janeiro, 12 de março de 2018.

**29** "Centro Cultural movimenta jovens de 60 colégios." *O Globo*, 23 de junho de 1982.

**30** "Clara Nunes dia 25 na Em Cima da Hora." *O Globo*, 4 de junho de 1982.

**31** Entrevista concedida por Hamilton Garcia ao autor. Rio de Janeiro, 12 de março de 2018.

**32** Entrevista com Sérgio Cabral. *Roda Viva*. Rio de Janeiro: TV Cultura, 28 de junho de 2011.

**33** Anúncio publicado por Sérgio Cabral. *O Globo*, Rio de Janeiro, 5 de novembro de 1982.

**34** *Sérgio Cabral (o jornalista) – A cara do Rio*. Documentário dirigido por Fernando Barbosa Lima. Rio de Janeiro: FBL Criação e Produção, 2008.

**35** Relatório da Justiça Eleitoral do Rio de Janeiro.

**36** "Cabral não se vincula a grupos." *Jornal do Brasil*, 26 de setembro de 1983.

**37** "São Paulo faz o maior comício." *Folha de S.Paulo*, 17 de abril de 1984. Disponível em http://almanaque.folha.uol.com.br/brasil_17abr1984.htm. Acesso em 29 de março de 2018.

**38** "Show de estrelas no Comitê de Tancredo." *O Globo*, 15 de outubro de 1984.

**39** ZÓZIMO. "Política." *Jornal do Brasil*, 9 de novembro de 1984.

**40** "Candidato promete formar grupo para estudar nova Constituição." *Jornal do Brasil*, 23 de outubro de 1984.

**41** Entrevista concedida por Orlando T. Cordeiro ao autor. Rio de Janeiro, 21 de março de 2018.

**42** "Bom humor marca voo de convidados." *Jornal do Brasil*, Recife, 17 de fevereiro de 1984.

**43** SWANN, Carlos. "Zona Franca." *O Globo*, 8 de janeiro de 1985.

**44** "Toda a população de São João trabalha para preparar a festa." *O Globo*, 15 de janeiro de 1985.

**45** Banco do Brasil – Correção INPC-IBGE.

**46** Barão Vermelho – Rock in Rio 1, 1985. Disponível em https://www.youtube.com/watch?v=nF8sGxBsVic. Acesso em 17 de março de 2018.

**47** Entrevista concedida por Hamilton Garcia ao autor. Rio de Janeiro, 12 de março de 2018.

**48** "São João sabe da operação pelo 'Poste'." *O Globo*. São João del-Rei, 16 de março de 1985.

**49** ARQUIVO NACIONAL. Informações sobre o XII Festival Mundial da Juventude e dos Estudantes. Disponível no acervo, Código BR DFANBSB Z4.DPN.ENI.83.

**50** GOIS, Ancelmo. "Lance Livre." *Jornal do Brasil*, 25 de janeiro de 1986.

**51** "Jornalista lança sua candidatura." *O Globo*, 12 de maio de 1986.

**52** "Javali." *Última Hora*, 15 de dezembro de 1983.

**53** "A família Neves se reúne em torno de Aureliano e Vivi." *O Globo*, 8 de novembro de 1986.

**54** "Críticas a Moreira." *Jornal do Brasil*, 15 de abril de 1986.

**55** Relatório da Justiça Eleitoral, 1986.

**56** "Rio terá albergue-chave até 89." *O Globo*, 7 de julho de 1988.

**57** RODRIGUES, Neiva. "Andar em qualquer direção." *Jornal do Brasil*, 19 de junho de 1991.

**58** Relatório da Justiça Eleitoral, 1988.

**59** GOIS, Ancelmo. "Lance Livre." *Jornal do Brasil*, 25 de janeiro de 1986.

**60** "Tal pai, tal filho." Propaganda. *Jornal do Brasil*, 12 de agosto de 1990.

**61** Relatório da Justiça Eleitoral, 1990.

## Capítulo 3
## O SUBURBANO E O MAURICINHO

**1** "Ele é um boquirroto." *Jornal do Brasil*, 22 de dezembro de 1998.

**2** Valor corrigido pelo IGP-M (FGV) pela calculadora eletrônica do Banco Central. Disponível em https://bit.ly/1o4zwHS. Acesso em 21 de setembro de 2018.

**3** NUNES, Angelina; RODRIGUES, Elaine. "Deputado diz que pagou casa com consultoria." *O Globo*, 23 de dezembro de 1998.

**4** "Candidatos disputam apoio de idosos." *Jornal do Brasil*, 27 de julho de 1996.

**5** "Cabral quer ser um Marcello sem Brizola." *O Globo*, 19 de julho de 1992.

**6** Entrevista concedida por Alexandra Ferreira ao autor, Rio de Janeiro, 3 de abril de 2018.

**7** "Candidatos listam de Pontiac a carro velho." *Jornal do Brasil*, 23 de agosto de 1992.

**8** "Ação popular pretende retirar Tempras novos dos deputados." *Jornal do Brasil*, 28 de agosto de 1993.

**9** "Operação Pés Limpos." *Jornal do Brasil*, 11 de janeiro de 1994.

**10** "Ameaças de Eurico Miranda a deputado vão virar inquérito." *O Globo*, 2 de março de 1994. & "Eurico sai atirando." *Jornal do Brasil*, 26 de fevereiro de 1994.

**11** "Briga pelos votos continua." *Jornal do Brasil*, 2 de janeiro de 1995.

**12** "Maus antecedentes em debate." *Jornal do Brasil*, 12 de janeiro de 1995.

**13** "Sérgio Cabral Filho presidirá Alerj." *O Globo*, 3 de fevereiro de 1995. & "Nova Assembleia do Rio estreia com baixaria." *Jornal do Brasil*, 3 de fevereiro de 1995.

**14** Entrevista concedida por Alexandra Ferreira ao autor, Rio de Janeiro, 3 de abril de 2018.

**15** Pedido de Prisão Preventiva na Lava Jato – Operação Eficiência, processo 0510282-12.2016.4.02.5101 da 7ª Vara Federal Criminal do Rio de Janeiro.

**16** Entrevista concedida por Orlando Thomé ao autor. Rio de Janeiro, 21 de março de 2018.

**17** "Cabral condena o voto nulo." *Jornal do Brasil*, 9 de outubro de 1996.

**18** "Cabral Pai briga por Cabral Filho." *Jornal do Brasil*, 10 de outubro de 1996.

## Capítulo 4
## MEU PRIMEIRO CRIME

**1** "Candidatos revelam patrimônio antes da eleição." *Jornal do Brasil*, 28 de julho de 1996.

**2** "ICMS: Alerj mantém isenção para as empresas de ônibus." *O Globo*, 13 de dezembro de 1996. & "Ônibus continuam com isenção de ICMS." *Jornal do Brasil*, 13 de dezembro de 1996.

**3** Depoimento de Susana Neves à Justiça Federal no processo 05044661520174025101 da 7ª Vara Federal Criminal do Rio de Janeiro, em 18 de dezembro de 2017.

**4** Consulta pública à Receita Federal, Grupo Agrobilara. CNPJ: 07.103.841/0001-73.

**5** "Mantida isenção de ICMS para as empresas de ônibus do Estado." *O Globo*, 5 de março de 1997. & "Isenção para empresas é mantida." *Jornal do Brasil*, 5 de março de 1997.

**6** Informe JB. *Jornal do Brasil*, 22 de março de 1997.

**7** Depoimento de Sérgio Cabral no processo 00159793720174025101 da 7ª Vara Federal Criminal do Rio de Janeiro, em 12 de julho de 2017.

**8** Depoimento de Sérgio Castro de Oliveira, o Serjão, no processo 00159793720174025101 da 7ª Vara Federal Criminal do Rio de Janeiro, em 12 de julho de 2017.

**9** Petição 2017.7402.000018-7, Tribunal Regional Federal da 2ª Região – Operação Cadeia Velha, desdobramento da Lava Jato.

**10** "Assembleia vota destino da Cedae." *Jornal do Brasil*, 10 de novembro de 1998.

**11** "Deputado diz que pagou casa com consultoria." *O Globo*, 23 de dezembro de 1998. & "Marcello denuncia Sérgio Cabral." *Jornal do Brasil*, 22 de dezembro de 1998.

**12** "Denúncia contra Cabral é rejeitada." *Jornal do Brasil*, 23 de janeiro de 1999. & "Arquivada denúncia apresentada contra Sérgio Cabral Filho". *O Globo*, 23 de janeiro de 1999.

**13** "'Caixinha' na Alerj era conhecida." *Jornal do Brasil*, 4 de maio de 1999.

## Capítulo 5
## RIQUEZA

**1** Informação de pesquisa e investigação da Receita Federal, IPEI Nº: RJ20160013.

**2** Informação de pesquisa e investigação da Receita Federal, IPEI Nº: RJ20160013.

**3** "PGR acompanha caso Propinoduto para garantir repatriação de dinheiro enviado à Suíça", 11 de julho de 2016. Disponível em http://www.mpf.mp.br/pgr/noticias-pgr/pgr-acompanha-caso-propinoduto-para-garantir-repatriacao-de-dinheiro-enviado-a-suica. Acesso em 8 de outubro de 2018. & "Uma extorsão de US$ 30 milhões." *O Globo*, 10 de janeiro de 2003.

**4** Receita Federal. Declarações de Imposto de Renda entregues por Jorge Picciani à Justiça Eleitoral em 1998 e 2002.

**5** Petição 2017.7402.000018-7, Tribunal Regional Federal da 2ª Região, Operação Cadeia Velha, desdobramento da Lava Jato.

**6** Depoimentos de Sérgio Cabral e Renato Chebar no processo 00159793720174025101 da 7ª Vara Federal Criminal do Rio de Janeiro, em 11 de julho de 2017 e 12 de julho de 2017.

**7** Processo 0510282-12.2016.4.02.5101 da 7ª Vara Federal Criminal do Rio de Janeiro – Operação Lava Jato – Operação Eficiência.

**8** ANGEL, Hildegard. Coluna. *Jornal do Brasil*, 6 de abril de 2004. & "Trajetória de Cabral foi marcada por enriquecimento na política." *Folha de S.Paulo*, 5 de fevereiro de 2007.

## Capítulo 6

## ADIANTAMENTO DE PROPINA

**1** Discurso de Luiz Inácio Lula da Silva em 7 de março de 2007. Disponível em https://bit.ly/2zmfOpD. Acesso em 21 de setembro de 2018.

**2** Ofício 1469 da Secretaria estadual de Obras, de 31 de outubro de 2011.

**3** Processo do Tribunal de Contas da União TC 007.513/2009-1.

**4** Discurso de Luiz Inácio Lula da Silva em 18 de janeiro de 2007. Disponível em https://bit.ly/2QNaXo9. Acesso em 21 de setembro de 2018.

**5** Depoimento de Rogério Nora de Sá no processo 0509503572016 4025101 da 7ª Vara Federal Criminal do Rio de Janeiro, em 15 de março de 2017.

**6** Depoimento de Clóvis Primo no processo 05095035720164025101 da 7ª Vara Federal Criminal do Rio de Janeiro, em 15 de março de 2017.

7 Delação do executivo Flávio Barra na denúncia contra os irmãos Assad, processo 0502834-85.2016.4.02.5101.

8 Processo 0509503-57.2016.4.02.5101 (IP nº 102/2016-11 – Delecor).

9 Depoimento de Clóvis Primo no processo 0502834-85.2016.4.02.5101 da 7ª Vara Federal Criminal do Rio de Janeiro, em 14 de julho de 2016.

10 Depoimento de Alberto Quintaes no processo 0509503572016402 5101 da 7ª Vara Federal Criminal do Rio de Janeiro, em 15 de fevereiro de 2017.

11 Depoimento de Sônia Baptista no processo 0509503572016402 5101 da 7ª Vara Federal Criminal do Rio de Janeiro, em 17 de março de 2017.

12 Processo nº 0507582-63.2016.4.02.5101 (distribuição por dependência à Ação Penal nº 0057817-33.2012.4.02.5101) da 7ª Vara Federal Criminal do Rio de Janeiro.

13 Denúncia do processo 509503-57.2016.4.02.5101 da 7ª Vara Federal Criminal do Rio de Janeiro – Operação Lava Jato.

14 Depoimento de Carlos Miranda no processo 05044661520174025101 da 7ª Vara Federal Criminal do Rio de Janeiro, em 18 de dezembro de 2017.

15 Depoimento de Susana Neves no processo 0504466152017402 5101 da 7ª Vara Federal Criminal do Rio de Janeiro, em 18 de dezembro de 2017.

16 Inquérito Civil do Ministério Público do Estado do Rio de Janeiro nº 2016.00524294.

17 Processo 0509503-57.2016.4.02.5101 da 7ª Vara Federal Criminal do Rio de Janeiro (IP nº 102/2016-11 – Delecor), denúncia Operação Calicute.

**18** Denúncia de processo distribuído por dependência aos autos nº 0510282-12.2016.4.02.5101 da 7ª Vara Federal Criminal do Rio de Janeiro.

**19** Audiência de Renato Chebar no processo 0015979372017402 5101 da 7ª Vara Federal Criminal do Rio de Janeiro, em 11 de julho de 2017.

**20** Audiência de Ricardo Pernambuco Júnior no processo 050411 37220174025101 da 7ª Vara Federal Criminal do Rio de Janeiro, em 10 de outubro de 2017.

**21** CODEÇO, Fabio. Resenha sobre restaurante Eça. *Veja Rio*, Rio de Janeiro, julho de 2017. Disponível em https://vejario.abril.com.br/estabelecimento/eca/. Acesso em 21 de setembro de 2018.

**22** Audiência de Ricardo Pernambuco Júnior no processo 050411 37220174025101 da 7ª Vara Federal Criminal do Rio de Janeiro, em 10 de outubro de 2017.

**23** Audiência de Tânia Fontenelle no processo 0504113722017402 5101 da 7ª Vara Federal Criminal do Rio de Janeiro, em 10 de outubro de 2017.

**24** Depoimento de Sérgio Cabral no processo 05044661520174025101 da 7ª Vara Federal Criminal do Rio de Janeiro, em 18 de dezembro de 2017.

**25** Depoimento de Sérgio Cabral no processo 00175132120144025101 da 7ª Vara Federal Criminal do Rio de Janeiro, em 5 de dezembro de 2017.

Capítulo 7

## AS FARRAS EM PARIS

**1** CORRÊA, Hudson. "Ponte Aérea entre Rio e Paris." *Época*, 5 de maio de 2012.

**2** Audiência de Carlos Miranda no processo 05041137220174025101 da 7ª Vara Federal Criminal do Rio de Janeiro, em 11 de dezembro de 2017.

**3** "U2 abre turnê mundial com homenagem a Michael Jackson." *G1*, 30 de junho de 2009. Disponível em http://g1.globo.com/Noticias/Musica/0,,MUL1214018-7085,00-U+ABRE+TURNE+MUNDIAL+COM+HOMENAGEM+A+MICHAEL+JACKSON.html. Acesso em 21 de setembro de 2018.

**4** "Cavendish diz que deu joia em Mônaco a mulher de Cabral." *O Globo*, 20 de outubro de 2016.

**5** Audiência de Sérgio Cabral no processo 00175132120144025101 da 7ª Vara Federal Criminal do Rio de Janeiro, em 5 de dezembro de 2017.

**6** Audiência de Fernando Cavendish no processo 00175132120144025101 da 7ª Vara Federal Criminal do Rio de Janeiro, em 4 de dezembro de 2017.

**7** Denúncia da ação penal 0509503-57.2016.4.02.5101 apresentada à 7ª Vara Federal Criminal do Rio de Janeiro – Operação Lava Jato.

**8** Informação da HStern. Disponível em https://www.hstern.com.br/institucional/hs_timeline.aspx. Acesso em 5 de agosto de 2018.

**9** Audiência de Sérgio Cabral no processo 00175132120144025101 da 7ª Vara Federal Criminal do Rio de Janeiro, em 5 de dezembro de 2017.

**10** Audiência de Benedicto Silva Júnior no processo 0017513212014 4025101 da 7ª Vara Federal Criminal do Rio de Janeiro, em 4 de dezembro de 2017.

**11** "Empreiteira ganha 1.957% a mais que no 1º ano de Lula." *Folha de S.Paulo*, 31 de janeiro de 2010.

**12** Audiência de Nora de Sá no processo 00175132120144025101 da 7ª Vara Federal Criminal do Rio de Janeiro, em 4 de setembro de 2017.

**13** Audiência de Marcos Vidigal do Amaral no processo 001751321 20144025101 da 7ª Vara Federal Criminal do Rio de Janeiro, em 4 de dezembro de 2017.

**14** Audiência de Marcos Vidigal do Amaral no processo 001751321 20144025101 da 7ª Vara Federal Criminal do Rio de Janeiro, em 4 de dezembro de 2017.

**15** Depoimento de Sérgio Côrtes no processo 05038703120174025101 da 7ª Vara Federal Criminal do Rio de Janeiro, em 8 de novembro de 2017.

## Capítulo 8
## OURO SONEGADO

**1** Depoimento de Maria Celeste de Lourdes Campos Pedroso no processo 01961810920174025101 da 7ª Vara Federal Criminal do Rio de Janeiro, em 27 de abril de 2018.

**2** Discurso de Luiz Inácio Lula da Silva em 2 de outubro de 2009. Disponível em https://bit.ly/2PSAYkL. Acesso em 21 de setembro de 2018.

**3** Depoimento de Luiz Inácio Lula da Silva no processo 019618109 20174025101 da 7ª Vara Federal Criminal do Rio de Janeiro, 5 junho de 2018.

**4** Depoimento de Maria Celeste de Lourdes Campos Pedroso no processo 01961810920174025101 da 7ª Vara Federal Criminal do Rio de Janeiro, em 27 de abril de 2018.

**5** Denúncia da Procuradoria da República no processo 019618109 20174025101 da 7ª Vara Federal Criminal do Rio de Janeiro.

**6** Denúncia da Procuradoria da República no processo 019618109 20174025101 da 7ª Vara Federal Criminal do Rio de Janeiro.

**7** Depoimento de Maria Celeste de Lourdes Campos Pedroso no processo 01961810920174025101 da 7ª Vara Federal Criminal do Rio de Janeiro, em 27 de abril de 2018.

**8** Denúncia da Procuradoria da República no processo 019618109 20174025101 da 7ª Vara Federal Criminal do Rio de Janeiro.

**9** Depoimento de Sérgio Côrtes no processo 05038703120174025101 da 7ª Vara Federal Criminal do Rio de Janeiro, em 2 de março de 2018.

**10** Denúncia da Procuradoria da República no processo 019618109 20174025101 da 7ª Vara Federal Criminal do Rio de Janeiro.

**11** Denúncia da Procuradoria da República no processo 019618109 20174025101 da 7ª Vara Federal Criminal do Rio de Janeiro.

**12** Denúncia da Procuradoria da República no processo 019618109 20174025101 da 7ª Vara Federal Criminal do Rio de Janeiro.

**13** Denúncia da Procuradoria da República no processo 019618109 20174025101 da 7ª Vara Federal Criminal do Rio de Janeiro.

Capítulo 9

## NOS BRAÇOS DO POVO

**1** "Cabral enfrenta assédio e constrangimento." *O Globo*, 28 de outubro de 2006.

**2** "Cabral e Frossard exibem ofensas e irritação na TV." *O Globo*, 27 de outubro de 2006.

**3** De acordo com a prestação de contas de Sérgio Cabral à Justiça Eleitoral, os gastos de campanha totalizaram R$ 9.734.780,48.

**4** De acordo com a prestação de contas de Denise Frossard à Justiça Eleitoral, sua campanha custou R$ 2.344.611,20.

**5** "Braços direitos agora vão cuidar do dinheiro." *O Globo*, 9 de julho de 2016.

**6** Lista de doadores para a campanha de Sérgio Cabral, em 2006, apresentada à Justiça Eleitoral.

**7** Instagram do deputado federal Marco Antônio Cabral, filho de Sérgio Cabral, em 5 de junho de 2018.

**8** Audiência de Sérgio Cabral no processo 05020411520174025101 da 7ª Vara Federal Criminal do Rio de Janeiro, em 8 de junho de 2018.

**9** Audiência de Sérgio Cabral no processo 01359649720174025101 da 7ª Vara Federal Criminal do Rio de Janeiro, em 23 de outubro de 2017.

Capítulo 10

# A QUEDA

**1** "Após cirurgia, Cabral tem alta e usará muletas por três dias." *Folha de S.Paulo*, 18 de agosto de 2010. Disponível em https://www1.folha.uol.com.br/poder/784930-apos-cirurgia-cabral-tem-alta-e-usara-muleta--por-tres-semanas.shtml. Acesso em 8 de outubro de 2018.

**2** Processo 103.971-2/16 do Tribunal de Contas do Rio de Janeiro.

**3** Depoimento de Ricardo Pernambuco no processo 050411372201 74025101 da 7ª Vara Federal Criminal do Rio de Janeiro, em 10 de outubro de 2017.

**4** Inquérito policial 035/2011 da Delegacia de Proteção ao Turista de Porto Seguro, Bahia.

**5** Depoimento de Fernando Cavendish no processo 00175132120 144025101 da 7ª Vara Federal Criminal do Rio de Janeiro, em 4 de dezembro de 2017.

**6** Portaria da Anac 59/Sia, 13 de janeiro 2011. Disponível em https://bit.ly/2PiDPnb. Acesso em 8 de outubro de 2018.

**7** Relatório final Cenipa 092/2012, páginas 11, 19 e 22.

**8** Termo de depoimento à sargento da Aeronáutica Sely Mattos Martins Cardoso, no inquérito policial 035/2011 da Delegacia de Proteção ao Turista de Porto Seguro, Bahia.

**9** "Promotor de Justiça Paulo Rangel é o novo desembargador do TJ do Rio", nota da Assessoria do Tribunal de Justiça do Rio de Janeiro, 5 de abril de 2010. Disponível em http://www.tjrj.jus.br/noticias/noticia/-/visualizar-conteudo/5111210/5130057. Acesso em 8 de outubro de 2018.

**10** Ata de sessão plenária do STJ, em 15 de julho de 2011.

**11** Depoimento de Paulo Oreste Masutti no inquérito policial 035/2011 da Delegacia de Proteção ao Turista de Porto Seguro, Bahia.

**12** Depoimentos de Adriano da Conceição e Leandro da Silva no inquérito policial 035/2011 da Delegacia de Proteção ao Turista de Porto Seguro, Bahia.

**13** Depoimento de Geilson Araújo no inquérito policial 035/2011 da Delegacia de Proteção ao Turista de Porto Seguro, Bahia.

**14** Relatório final do inquérito policial 035/2011 da Delegacia de Proteção ao Turista de Porto Seguro, Bahia.

**15** "Governador Sérgio Cabral recebe Lula em jantar", release da Assessoria de imprensa do Governo do Rio, publicado em 17 de fevereiro de 2011, indisponível.

**16** Depoimento de Sérgio Cabral no processo 05016340920174025101 da 7ª Vara Federal Criminal do Rio de Janeiro, em 31 de julho de 2017.

**17** Denúncia da Procuradoria da República no processo 05016340920174025101 da 7ª Vara Federal Criminal do Rio de Janeiro.

**18** Relatório da denúncia da Procuradoria da República no processo 05016340920174025101 da 7ª Vara Federal Criminal do Rio de Janeiro.

**19** Depoimento de Renato Chebar no processo 05016340920174025101 da 7ª Vara Federal Criminal do Rio de Janeiro, em 28 de junho de 2017.

**20** Denúncia da Procuradoria da República no processo 05016340920174025101 da 7ª Vara Federal Criminal do Rio de Janeiro.

**21** Depoimento de Sérgio Cabral no processo 05038703120174025101 da 7ª Vara Federal Criminal do Rio de Janeiro, em 8 de novembro de 2017.

**22** "Governador Sérgio Cabral foi parar no divã." Blog da jornalista Lu Lacerda, em 15 de julho de 2011.

**23** Depoimento de Sérgio Cabral no processo 050163409201740 25101 da 7ª Vara Federal Criminal do Rio de Janeiro, em 31 de julho de 2017.

**24** Sentença da Operação Saqueador no processo 0057817-33.2012.4. 02.5101 (2012.51.01.057817-1) da 7ª Vara Federal Criminal do Rio de Janeiro.

**25** Depoimento de Adir Assad no processo 0057817-33.2012.4. 02.5101(2012.51.01.057817-1) da 7ª Vara Federal Criminal do Rio de Janeiro.

**26** Interrogatório de Adir Assad, no processo 01066443620164025101 da 7ª Vara Federal Criminal do Rio de Janeiro, em 9 de agosto de 2017.

**27** Depoimento de Sérgio Cabral no processo 00175132120144025101 da 7ª Vara Federal Criminal do Rio de Janeiro, em 5 de dezembro de 2017.

## Capítulo 11

# O GABINETE DO LEBLON

**1** Denúncia da Procuradoria da República no processo 0509503-57.2016.4.02.5101 da 7ª Vara Federal Criminal do Rio de Janeiro, em 5 de dezembro de 2016. Disponível em http://www.mpf.mp.br/rj/sala--de-imprensa/docs/pr-rj/DENUNCIA_CALICUTE.pdf. Acesso em 5 de outubro de 2018.

**2** Denúncia da Procuradoria da República no processo 0509503-57.2016.4.02.5101 da 7ª Vara Federal Criminal do Rio de Janeiro, em

5 de dezembro. Disponível em http://www.mpf.mp.br/rj/sala-de-imprensa/docs/pr-rj/DENUNCIA_CALICUTE.pdf. Acesso em 5 de outubro de 2018.

**3** Edital de leilão e intimação de bens de Sérgio Cabral, expedido pela 7ª Vara Federal Criminal do Rio de Janeiro, em 17 de setembro de 2017.

**4** Depoimento de Cícero Bezerra Deodato no processo 0509503-57.2016.4.02.5101 da 7ª Vara Federal Criminal do Rio de Janeiro, em 17 de março de 2017.

**5** "Sérgio Cabral: incógnito pelas ruas do Leblon." *Época*, 24 de junho de 2016. Disponível em https://epoca.globo.com/tempo/noticia/2016/06/sergio-cabral-incognito-pelas-ruas-do-leblon.html. Acesso em 5 de outubro de 2018.

**6** Denúncia da Procuradoria da República no processo 0509503-57.2016.4.02.5101 da 7ª Vara Federal Criminal do Rio de Janeiro, em 5 de dezembro. Disponível em http://www.mpf.mp.br/rj/sala-de-imprensa/docs/pr-rj/DENUNCIA_CALICUTE.pdf. Acesso em 5 de outubro de 2018.

**7** Audiência de Ricardo Pernambuco Júnior no processo 050411372 20174025101 da 7ª Vara Federal Criminal do Rio de Janeiro, em 10 de outubro de 2017.

**8** "Marco Antônio assumiu a presidência nacional da Juventude do PMDB." *Folha de S.Paulo*, 25 de março de 2012. Disponível em https://www1.folha.uol.com.br/fsp/poder/33313-sob-tutela-do-pai-filho-de-cabral-ascende-na-politica.shtml. Acesso em 5 de outubro de 2018.

**9** "Marco Antônio Cabral: um político em construção." *Extra*, 1º de abril de 2012. Disponível em https://extra.globo.com/noticias/rio/marco-antonio-cabral-um-politico-em-construcao-4462529.html. Acesso em 5 de outubro de 2018.

**10** Projeto de resolução 881/2013 da Assembleia Legislativa do Rio. Disponível em https://bit.ly/2RZzRlc. Acesso em 5 de outubro de 2018.

"Filho de Sérgio Cabral recebe Medalha Tiradentes na Alerj." *G1*, 12 de maio de 2015. Disponível em http://g1.globo.com/rio-de-janeiro/noticia/2015/05/filho-de-sergio-cabral-recebe-medalha-tiradentes--na-alerj.html. Acesso em 5 de outubro de 2018.

**11** Menção à reportagem da revista *Época* no pedido de busca e apreensão criminal no processo 5056390-43.2016.4.04.7000/PR da 13ª Vara Federal de Curitiba, em 10 de novembro de 2016.

**12** Denúncia da Procuradoria da República no processo 0510282-12.2016.4.02.5101 da 7ª Vara Federal Criminal do Rio de Janeiro, em 7 de março de 2017.

## Capítulo 12
## O NAUFRÁGIO DE CABRAL

**1** Interrogatório de Sérgio Cabral na Superintendência Regional da Polícia Federal, no Rio de Janeiro, em 17 de novembro de 2016.

**2** Termo de declaração de Adriana de Lourdes Ancelmo na Superintendência Regional da Polícia Federal, no Rio de Janeiro, em 17 de novembro de 2016.

**3** Depoimento de Wilson Camilo Ribeiro no inquérito civil 2017003 01238 do Ministério Público do Estado do Rio de Janeiro, em 16 de maio de 2017.

**4** Pedido de prisão preventiva no processo 5014901-94.2014.404.7000 da 13ª Vara Federal Criminal de Curitiba, em 19 de março de 2014.

**5** Termo de colaboração de Rogério Nora de Sá no processo 0502834-

85.2016.4.02.5101 da 7ª Vara Federal Criminal do Rio de Janeiro, em 14 de junho de 2016.

**6** Pedido de busca e apreensão criminal no processo 5024251-72. 2015.404.7000/PR da 13ª Vara Federal Criminal de Curitiba, em 15 de junho de 2015.

**7** Termo complementar de colaboração de Rodolfo Mantuano e termo complementar de colaboração de Tânia Maria Silva Fontenelle no processo 0509503-57.2016.4.02.5101 da 7ª Vara Federal Criminal do Rio de Janeiro, em 9 de agosto de 2016.

**8** Pedido de prisão preventiva no processo 0507582-63.2016.4.02.5101 da 7ª Vara Federal Criminal, em 8 de novembro de 2016.

**9** Denúncia no processo 0509503-57.2016.4.02.5101 da 7ª Vara Federal Criminal do Rio de Janeiro, em 5 de dezembro de 2016 – Operação Calicute.

**10** "Bancada do Rio dá 34 votos a favor do impeachment." *O Globo*, 17 de abril de 2016. Disponível em https://oglobo.globo.com/brasil/bancada-do-rio-da-34-votos-favor-do-impeachment-19110584#ixzz5PO6rvl5u. Acesso em 7 de outubro de 2018.

**11** Termo de colaboração nº 4 de Clóvis Primo no processo 50563 90-43.2016.4.04.7000 da 13ª Vara Federal Criminal de Curitiba, em 23 de junho de 2016.

**12** Discurso do presidente da República Luiz Inácio Lula da Silva, durante a cerimônia de início das obras do Complexo Petroquímico do Rio de Janeiro (Comperj), em Itaboraí (RJ), 31 de março de 2008. Disponível em https://bit.ly/2PiDPnb. Acesso em 11 de outubro de 2018.

**13** "Lula atinge aprovação recorde." Datafolha, 31 de março de 2018.

Disponível em http://datafolha.folha.uol.com.br/opiniaopublica/2008/03/1222238-lula-atinge-aprovacao-recorde.shtml. Acesso em 11 de outubro de 2018.

**14** Termo de colaboração nº 5 de Rogério Nora de Sá no processo 5056390-43.2016.4.04.7000 da 13ª Vara Federal Criminal de Curitiba, em 23 de junho de 2016.

**15** Termo de colaboração de Alberto Quintaes no processo 5056390-43.2016.4.04.7000 da 13ª Vara Federal Criminal de Curitiba, em 26 de julho de 2016.

**16** "BCE deixará de emitir notas de €500 para dificultar 'atividades ilícitas'." *Folha de S.Paulo*, 4 de maio de 2016. Disponível em https://www1.folha.uol.com.br/mercado/2016/05/1767694-bce-deixara-de-emitir-notas-de--500-para-dificultar-atividades-ilicitas.shtml. Acesso em 11 de outubro de 2018.

**17** Termo de colaboração complementar de Paulo Roberto Costa no processo 5056390-43.2016.4.04.7000 da 13ª Vara Federal Criminal de Curitiba, em 4 de outubro de 2006.

**18** Termo de colaboração nº 5 de Rogério Nora de Sá no processo 5056390-43.2016.4.04.7000 da 13ª Vara Federal Criminal de Curitiba, em 23 de junho de 2016.

**19** "Comperj é retrato da corrupção que abalou a Petrobras." *O Globo*, 17 de junho de 2018. Disponível em https://oglobo.globo.com/opiniao/comperj-retrato-da-corrupcao-que-abalou-petrobras-22785038. Acesso em 11 de outubro de 2018.

**20** Decisão do juiz Sergio Moro no processo 5056390-43.2016.4.04.7000 da 13ª Vara Federal Criminal de Curitiba, em 10 de novembro de 2016.

**21** Decisão do juiz Marcelo Bretas no processo 0509565-97.2016.

4.02.5101 da 7ª Vara Federal Criminal do Rio de Janeiro, em 9 de novembro de 2016.

**22** Despacho do juiz Marcelo Bretas no processo 0510282-12.2016. 4.02.5101 da 7ª Vara Federal Criminal do Rio de Janeiro, em 6 de dezembro de 2016.

**23** Termo de colaboração de Marcelo Hasson Chebar no processo 05016340920174025101 da 7ª Vara Federal Criminal do Rio de Janeiro, em 11 de dezembro de 2006.

**24** Depoimento de Sérgio Cabral no processo 0501634092017402 5101 da 7ª Vara Federal Criminal do Rio de Janeiro, em 31 de julho de 2017.

**25** Termo de colaboração de Marcelo Hasson Chebar no processo 05016340920174025101 da 7ª Vara Federal Criminal do Rio de Janeiro, em 11 de dezembro de 2006.

**26** Informação da Procuradoria da República, entrevista em off, em 10 de agosto de 2018.

**27** Termo de colaboração de Renato Hasson Chebar no processo 05016340920174025101 da 7ª Vara Federal Criminal do Rio de Janeiro, em 10 de dezembro de 2006.

### Capítulo 13

## A FACÇÃO DOS CORRUPTOS

**1** Inquérito civil 201700301238 do Grupo de Atuação Especializada em Segurança Pública do Ministério Público do Estado do Rio de Janeiro.

**2** Inquérito civil 201700301238 do Grupo de Atuação Especializada em Segurança Pública do Ministério Público do Estado do Rio de Janeiro.

**3** "Governador do Rio levou cerca de 30 minutos para chegar à solenidade que o oficializa no segundo mandato." Último Segundo – IG, 1º de janeiro de 2011. Disponível em http://ultimosegundo.ig.com.br/politica/cabral-chega-atrasado-para-a-posse/n1237904841405.html. Acesso em 11 de outubro de 2018.

**4** Relatório pericial 1139 da Divisão de Evidências Digitais e Tecnologia da Coordenadoria de Segurança e Inteligência do Ministério Público do Estado do Rio de Janeiro. Disponível em https://www.youtube.com/watch?v=l5q4TIsGpfc e https://youtu.be/_wSBin3F8BE. Acesso em 11 de outubro de 2018.

**5** Termo de colaboração de Michelle Tomaz Pinto à força-tarefa da Lava Jato, da Procuradoria da República no Rio de Janeiro, em 23 de novembro de 2016.

**6** Decisão de prisão preventiva de Marcelo Bretas contra Adriana Ancelmo no processo 0510203-33.2016.4.02.5101 da 7ª Vara Federal Criminal do Rio de Janeiro, em 6 de dezembro de 2016.

**7** Termo de declaração de Amanda Dutra e Silva no inquérito civil 201800238318 do Grupo de Atuação Especializada em Segurança Pública do Ministério Público do Estado do Rio de Janeiro, em 13 de julho de 2018.

**8** Inquérito civil 201700301238 do Grupo de Atuação Especializada em Segurança Pública do Ministério Público do Estado do Rio de Janeiro.

**9** Termo de declaração de José Ricardo Gripe no inquérito civil 201800238318 do Grupo de Atuação Especializada em Segurança Pública do Ministério Público do Estado do Rio de Janeiro, em 25 de abril de 2018

**10** Termo de declaração de André Alves Miranda no inquérito civil 201800238318 do Grupo de Atuação Especializada em Segurança

Pública do Ministério Público do Estado do Rio de Janeiro, em 25 de abril de 2018.

**11** Termo de declaração de Cheyenne Mattos Amorim no inquérito civil 201800238318 do Grupo de Atuação Especializada em Segurança Pública do Ministério Público do Estado do Rio de Janeiro, em 9 de abril de 2018.

**12** Termo de declaração de Rita de Cássia Alves Antunes no inquérito civil 201800238318 do Grupo de Atuação Especializada em Segurança Pública do Ministério Público do Estado do Rio de Janeiro, em 22 de maio de 2018.

**13** Termo de declaração de Amanda Dutra e Silva no inquérito civil 201800238318 do Grupo de Atuação Especializada em Segurança Pública do Ministério Público do Estado do Rio de Janeiro, em 13 de julho de 2018.

**14** Termo de declaração de Cheyenne Mattos Amorim no inquérito civil 201800238318 do Grupo de Atuação Especializada em Segurança Pública do Ministério Público do Estado do Rio de Janeiro, em 9 de abril de 2018.

**15** Decisão do juiz Marcelo Bretas no processo 0510203-33.2016.4.02.5101 da 7ª Vara Federal Criminal do Rio de Janeiro, em 17 de março de 2017.

**16** Ordem de prisão preventiva do juiz Marcelo Bretas no processo 0510203-33.2016.4.02.5101 da 7ª Vara Federal Criminal do Rio de Janeiro, em 6 de dezembro de 2016.

**17** Laudo pericial 1242 da Divisão de Evidências Digitais e Tecnologia da Coordenadoria de Segurança e Inteligência do Ministério Público do Estado do Rio de Janeiro.

**18** Inquérito civil 201701222304 do Grupo de Atuação Especializada em Segurança Pública do Ministério Público do Estado do Rio de Janeiro.

**19** Notas fiscais eletrônicas números 247013 (chave de acesso 3317 1043 7083 7900 2145 5500 1000 2470 1310 0000 0013) e 247014 (chave de acesso 3317 1043 7083 7900 2145 5500 1000 2470 1410 0000 0010), disponíveis em https:/bit.ly/2zXvlkV. Acesso em 11 de outubro de 2018.

**20** Termo de declaração de Eliana Nogueira do Carmo no inquérito criminal 201701145465 da 24ª Promotoria de Justiça de Investigação Penal, em 1º de dezembro de 2017.

**21** Cópia de nota fiscal anexada ao inquérito criminal 201701145465 da 24ª Promotoria de Justiça de Investigação Penal.

**22** Termo de declaração de Clotildes de Moraes no processo E-21/006.193/2017 da Corregedoria de Administração Penitenciária, em 17 de novembro de 2017.

**23** Termo de declaração de Flávio Mello dos Santos no inquérito criminal 201701145465 da 24ª Promotoria de Justiça de Investigação Penal, em 27 de novembro de 2017.

**24** Termo de declaração de Fábio Ferraz Sodré no processo E-21/006.193/2017 da Corregedoria de Administração Penitenciária, em 17 de novembro de 2017.

## Capítulo 14

## O REI DEPOSTO

**1** "TRF2 determina retorno de Adriana Ancelmo para prisão no cárcere." Assessoria do Tribunal Regional Federal da 2ª Região, sediado no Rio de

Janeiro, em 23 de novembro de 2017. Disponível em http://www10.trf2.jus.br/portal/trf2-determina-retorno-de-adriana-ancelmo-para-prisao-no-carcere/. Acesso em 15 de outubro de 2018.

**2** "O Governo do Rio migra para a cadeia." *Época*, 24 de novembro de 2017. Disponível em https://epoca.globo.com/politica/noticia/2017/11/o-governo-do-rio-migra-para-cadeia.html. Acesso em 15 de outubro de 2018.

**3** Habeas Corpus 151.057/DF sob relatório do ministro Gilmar Mendes, em 18 de dezembro de 2017. Disponível em https://www.conjur.com.br/dl/hc-adriana-ancelmo.pdf. Acesso em 15 de outubro de 2018.

**4** Audiência no processo 01961810920174025101 da 7ª Vara Federal Criminal do Rio de Janeiro, em 9 de agosto de 2018.

**5** "MPF obtém condenação de Marco Antônio Cabral por improbidade administrativa." Assessoria de imprensa da Procuradoria da República no Rio, em 5 de outubro de 2018. Disponível em http://www.mpf.mp.br/rj/sala-de-imprensa/noticias-rj/mpf-obtem-condenacao-de-marco-antonio-cabral-por-improbidade-administrativa. Acesso em 15 de outubro de 2018.

**6** Sentença no processo 5063271-36.2016.4.04.7000/PR da 13ª Vara Federal Criminal de Curitiba, em 13 de junho de 2017.

**7** Sentença no processo 0509503-57.2016.4.02.5101 da 7ª Vara Federal Criminal do Rio de Janeiro, em 20 de setembro de 2017.

**8** Sentenças nos processos 5063271-36.2016.4.04.7000/PR da 13ª Vara Federal Criminal de Curitiba, em 13 de junho de 2017; 0509503-57.2016.4.02.5101 da 7ª Vara Federal Criminal do Rio de Janeiro, em 20 de setembro de 2017; 0501853-22.2017.4.02.5101 da 7ª Vara Federal Criminal do Rio de Janeiro, em 20 de outubro de 2017; 0015979-37.2017.4.02.5101 da 7ª Vara Federal Criminal do Rio de Janeiro, em

19 de dezembro de 2017; 0135964-97.2017.4.02.5101 da 7ª Vara Federal Criminal do Rio de Janeiro, em 2 de março de 2018; 0501634-09.2017.4.02.5101 da 7ª Vara Federal Criminal do Rio de Janeiro, em 2 julho de 2018; 0504113-72.2017.4.02.5101 da 7ª Vara Federal Criminal do Rio de Janeiro, em 11 de setembro de 2018; 0017513-21.2014.4.02.5101 da 7ª Vara Federal Criminal do Rio de Janeiro, em 12 de setembro de 2018.

**9** Sentença no processo 0504113-72.2017.4.02.5101 da 7ª Vara Federal Criminal do Rio de Janeiro, em 11 de setembro de 2018.

**10** Sentenças nos processos 5063271-36.2016.4.04.7000/PR da 13ª Vara Federal Criminal de Curitiba, em 13 de junho de 2017; 0509503-57.2016.4.02.5101 da 7ª Vara Federal Criminal do Rio de Janeiro, em 20 de setembro de 2017; 0501634-09.2017.4.02.5101 da 7ª Vara Federal Criminal do Rio de Janeiro, em 2 julho de 2018; 0504113-72.2017.4.02.5101 da 7ª Vara Federal Criminal do Rio de Janeiro, em 11 de setembro de 2018; 0017513-21.2014.4.02.5101 da 7ª Vara Federal Criminal do Rio de Janeiro, em 12 de setembro de 2018.

**11** Sentenças nos processos 5063271-36.2016.4.04.7000/PR da 13ª Vara Federal Criminal de Curitiba, em 13 de junho de 2017; 0509503-57.2016.4.02.5101 da 7ª Vara Federal Criminal do Rio de Janeiro, em 20 de setembro de 2017; 0501853-22.2017.4.02.5101 da 7ª Vara Federal Criminal do Rio de Janeiro, em 20 de outubro de 2017; 0015979-37.2017.4.02.5101 da 7ª Vara Federal Criminal do Rio de Janeiro, em 19 de dezembro de 2017; 0135964-97.2017.4.02.5101 da 7ª Vara Federal Criminal do Rio de Janeiro, em 2 de março de 2018; 0501634-09.2017.4.02.5101 da 7ª Vara Federal Criminal do Rio de Janeiro, em 2 julho de 2018.

**12** Sentenças nos processos 0509503-57.2016.4.02.5101 da 7ª Vara Federal Criminal do Rio de Janeiro, em 20 de setembro de 2017; 0015979-

37.2017.4.02.5101 da 7ª Vara Federal Criminal do Rio de Janeiro, em 19 de dezembro de 2017; 0135964-97.2017.4.02.5101 da 7ª Vara Federal Criminal do Rio de Janeiro, em 2 de março de 2018; 0501634-09.2017.4.02.5101 da 7ª Vara Federal Criminal do Rio de Janeiro, em 2 julho de 2018.

**13** Sentença no processo 0015979-37.2017.4.02.5101 da 7ª Vara Federal Criminal do Rio de Janeiro, em 19 de dezembro de 2017.

**14** Sentença no processo 0501634-09.2017.4.02.5101 da 7ª Vara Federal Criminal do Rio de Janeiro, em 2 de julho de 2018.

**15** Sentença no processo 0015979-37.2017.4.02.5101 da 7ª Vara Federal Criminal do Rio de Janeiro, em 19 de dezembro de 2017.

# AGRADECIMENTOS

Agradeço a Cristina Grillo, Lívia Cunto Salles, Aline Ribeiro e Ana Luiza Cardoso.